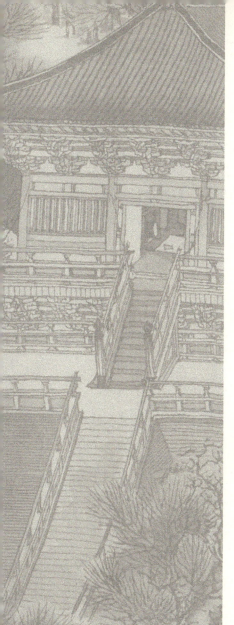

间接实行犯研究

赵香如◎ 著

中国出版集团

世界图书出版公司

广州·上海·西安·北京

图书在版编目（CIP）数据

间接实行犯研究/赵香如著. —广州：世界图书出版广东有限公司,2013.2
ISBN 978-7-5100-5710-6

Ⅰ.①间⋯　Ⅱ.①赵⋯　Ⅲ.①犯罪学—研究　Ⅳ.①D914

中国版本图书馆 CIP 数据核字（2013）第 023678 号

间接实行犯研究

责任编辑　黄　琼
出版发行　世界图书出版广东有限公司
地　　址　广州市新港西路大江冲 25 号
http://www.gdst.com.cn
印　　刷　虎彩印艺股份有限公司
规　　格　787mm×1092mm　1/16
印　　张　9
字　　数　160 千
版　　次　2013 年 2 月第 1 版　2013 年 12 月第 2 次印刷
ISBN　978-7-5100-5710-6/D · 0063
定　　价　27.00 元

自　序

　　本书在同名博士毕业论文的基础上修改而成。记得当初选题时,恩师马克昌先生说,这个题目有点难,你敢写,很好! 本来该书在 2006 年就已纳入武汉大学博士毕业出版文库,因当时笔者无暇修改,因而耽搁了。岁月悠悠,如今已快 8 年了。刑法界研究间接正犯的成果也增加了不少,而且以相似题目撰写博士毕业论文者也有之,如"实行行为论"等。但间接实行犯研究进展不甚理想,原有的难题依然在争议,如间接实行犯的存在依据、间接实行犯的实行行为、间接实行犯的存在范围、我国刑法中是否存在间接实行犯等,不仅如此,论证的依据与理由也基本上停留在原有的范围内。因而尽管年岁已去,该书也依然很有出版的必要。

　　该书值得推荐一读的地方主要有两个:①依据行为理论,解析了间接实行犯的行为构造,为间接实行犯的存在和实行行为奠定了基础;②对间接实行犯和亲手犯的理论提供了明确的区分理论。根据行为概念,行为人基于自己的意思产生间接行为亦是可能,因而直接的身体动作及间接的身体动作皆可能成为行为。根据行为理论,间接行为的产生,必须具备主客观两方面的条件:①主观上,幕后人对间接行为必须具有意思支配可能性;②客观上,间接行为必须由幕后人的行为所直接引起。为此,进入规范判断,间接实行犯的成立,也必须具备主客观两方面的条件:①主观上,幕后人对其间接行为具有超越被利用者的犯罪意思支配,被利用者的行为朝着幕后人的意志的方向发展。间接实行犯主观上的特点,表明间接实行犯具有单独犯的意思,从而将其与共犯区分开来。②客观上,间接实行犯的存在前提是,具体的犯罪形态"允许"行为与主体相分离,在间接实行犯中,这种分离体现为,间接实行犯的实行行为与主体的分离,间接实行犯的这一特征将其与亲手犯区分开来。间接实行犯的行为包括利用行为与间接行为,其中利用行为具有两大功能:①引起被利用者的行为;②掩藏幕后人的犯罪意思。间接实行犯中的间接行为具有侵害法益的现实危险性,因而,在通常情况下,利用行为具有犯罪预备的性质,而间接行为具有实行行为的性质,必须从间接行为中寻找间接实行犯的着手及终了的标准,但也存在例外,在某些情形下,利用行为也可能被认定为间接实行犯的着手,例如,利用重度精神病人犯罪等的情形,对此,可以将利用行为理解为与构成要件行为具有密接关系的行为。间接实行犯具有两个行为,但其不是复合行为犯,而是直接的预备行为与间接的实行行为的结合。此外,全书对间接实行犯的存在范围也有诸多新的阐释。

恩师已仙逝,本打算请刑法前辈给笔者作序,但一想到毕业这么多年至今还是碌碌无为,有点愧对恩师,千言万语不知从何说起,因而笔者偷偷作个简序悄悄出版,以此作为自己学术新的起点。

赵香如

2013 年 1 月于湖南大学

目　录

导　论 ……………………………………………………………… 001
第一章　间接实行犯的概念 …………………………………… 001
　第一节　间接实行犯概念的存在 ……………………………… 001
　　一、学说简介 ………………………………………………… 002
　　二、学说简评及结论 ………………………………………… 004
　第二节　间接实行犯概念的界定 ……………………………… 006
　　一、理论概要及简评 ………………………………………… 006
　　二、间接实行犯的概念 ……………………………………… 008
　第三节　间接实行犯的研究意义 ……………………………… 009
　　一、理论意义 ………………………………………………… 009
　　二、实践意义 ………………………………………………… 011
　第四节　间接实行犯的研究思路 ……………………………… 011
　　一、"替补"理论解析 ………………………………………… 012
　　二、"替补"理论质疑 ………………………………………… 013
　　三、间接正犯的研究起点 …………………………………… 015
第二章　间接实行犯的性质 …………………………………… 018
　第一节　正犯理论 ……………………………………………… 018
　　一、概　述 …………………………………………………… 018
　　二、不区分正犯与共犯 ……………………………………… 018
　　三、正犯与共犯的区分问题 ………………………………… 021
　第二节　间接实行犯正犯性的理论 …………………………… 028
　　一、工具说 …………………………………………………… 028
　　二、国民道德观念说 ………………………………………… 030
　　三、因果关系理论 …………………………………………… 031

四、实行行为性说 …………………………………………… 032

五、规范的障碍说 …………………………………………… 032

六、意思支配说 ……………………………………………… 033

七、结　论 …………………………………………………… 034

第三节　间接实行犯的实行行为性 ……………………… 034

一、行为理论下的间接行为 ……………………………… 034

二、间接行为存在的条件 ………………………………… 037

三、间接实行犯的实行行为 ……………………………… 039

第四节　间接实行犯的实行形态 ………………………… 043

一、不作为与间接实行犯 ………………………………… 043

二、过失、间接故意与间接实行行为 …………………… 047

第三章　间接实行犯的着手、终了及未遂 ……………… 050

第一节　间接实行犯着手的理论 ………………………… 050

一、概　述 …………………………………………………… 050

二、学说简介 ………………………………………………… 050

三、学说简评 ………………………………………………… 054

第二节　间接实行犯着手的认定 ………………………… 056

一、被利用者的行为的性质 ……………………………… 056

二、构成要件行为与实行行为 …………………………… 057

三、预备犯的问题 ………………………………………… 059

第三节　间接实行犯的未遂 ……………………………… 060

一、间接实行犯行为的终了 ……………………………… 060

二、间接实行犯的未遂 …………………………………… 061

第四章　间接实行犯的存在范围 ………………………… 064

第一节　间接实行犯存在范围上的分类 ………………… 064

一、概　述 …………………………………………………… 064

二、列举法 …………………………………………………… 065

三、体系分类法 …………………………………………… 065

四、结　论 …………………………………………………… 066

第二节　利用不具有意志支配可能性的行为 …………… 066

一、利用反射动作 ………………………………………… 066

二、利用强制动作 ………………………………………… 067

三、利用他人的自杀行为 ………………………………… 070

第三节　利用不具有犯罪意思的行为 …………………… 071

一、利用不具有刑事责任能力者的行为 …………… 071

二、利用适法行为 …………………………………… 074

第四节 利用过失行为 …………………………………… 075

第五节 利用故意行为 …………………………………… 077

一、利用不同的故意的行为 ……………………… 077

二、利用有故意无目的的行为 …………………… 079

三、利用有故意无身份的行为 …………………… 080

四、利用有帮助故意的行为 ……………………… 081

五、被利用者中途知情的情形 …………………… 082

第五章 间接实行犯的认定 ……………………………… 084

第一节 间接实行犯与亲手犯 …………………………… 084

一、概 述 ………………………………………… 084

二、亲手犯的理论基础 …………………………… 085

三、亲手犯的存在范围 …………………………… 087

四、亲手犯的类型 ………………………………… 095

第二节 间接实行犯与教唆犯 …………………………… 095

一、概 述 ………………………………………… 095

二、教唆犯的性质与间接实行犯的存在 ………… 096

三、间接实行犯与教唆犯的界限 ………………… 099

四、间接实行犯与教唆犯之间的错误 …………… 101

五、我国刑法第 29 条的规定与间接实行犯的立法 …… 104

第三节 间接实行犯与片面帮助犯 ……………………… 111

一、间接实行犯与片面帮助犯的界限 …………… 111

二、片面共犯的融解问题 ………………………… 112

第六章 美国刑法中"被利用的实行犯" ………………… 113

第一节 被利用的实行犯产生的理论基础及性质 ……… 115

一、从犯概念之存在及主犯与从犯区分之必要 … 115

二、从犯责任原则之功能 ………………………… 116

三、被利用的实行犯之产生及意义 ……………… 118

四、被利用的实行犯之性质 ……………………… 118

第二节 "被利用的实行犯"之基本特征 ……………… 119

一、客观特征 ……………………………………… 119

二、主观特征 ……………………………………… 122

第三节 身份与"被利用的实行犯" …………………… 123

一、司法实践的处理 ·· 124

二、立法态度 ·· 125

三、学界观点 ·· 125

第四节 结 论 ··· 126

参考文献 ·· 128

导　论

　　间接实行犯的根本问题是其性质问题,间接实行犯理论上的难题和争议亦根源于此。间接实行犯具有正犯性,这为理论界的共识,但是有学者在阐述间接实行犯的诸多问题时,总是从共犯理论出发,例如,在间接实行犯的认定问题上,认为利用他人犯罪的行为不成立共犯,从而成立间接实行犯,这种思维方式体现出将"正犯性"理解为"非共犯性"的态度。这种非共犯性的思维方式,是弥补理论的思想残余,使得间接实行犯在犯罪论体系中的地位不清晰。全书以间接实行犯具有实行犯的性质为论述中心,以确立间接实行犯的独立地位为研究宗旨,从行为理论这一根源上探讨间接实行犯的存在、存在条件及存在性质,并将单独犯的理念贯彻在间接实行犯的所有问题的研究中,提倡抛弃非共犯性的思维方式,而采取先间接实行犯后共犯(尤其是教唆犯)的思维。

　　行为理论是间接行为存在的根据。根据行为概念,行为人基于自己的意思产生间接行为亦是可能,因而直接的身体动作及间接的身体动作皆可能成为行为。根据行为理论,间接行为的产生必须具备主客观两方面的条件:①主观上,幕后人对间接行为必须具有意思支配可能性;②客观上,间接行为必须由幕后人的行为所直接引起。为此,进入规范判断,间接实行犯的成立也必须具备主客观两方面的条件:①主观上,幕后人对其间接行为具有超越被利用者的犯罪意思支配,被利用者的行为朝着幕后人的意志的方向发展。间接实行犯主观上的特点,表明间接实行犯具有单独犯的意思,从而将其与共犯区分开来。②客观上,间接实行犯的存在前提是,具体的犯罪形态"允许"行为与主体相分离。在间接实行犯中,这种分离体现为,间接实行犯的实行行为与主体的分离,间接实行犯的这一特征将其与亲手犯区分开来。此外,间接实行犯是利用他人实现犯罪的情况,在此,利用行为仅限于直接利用的场合。

间接实行犯的行为包括利用行为与间接行为,其中利用行为具有两大功能:①引起被利用者的行为;②掩藏幕后人的犯罪意思。间接实行犯中的间接行为具有侵害法益的现实危险性,因而,在通常情况下,利用行为具有犯罪预备的性质,而间接行为具有实行行为的性质,必须从间接行为中寻找间接实行犯的着手及终了的标准,但也存在例外。在某些情形下,利用行为也可能被认定为间接实行犯的着手,例如,利用重度精神病人犯罪等的情形,对此,可以将利用行为理解为与构成要件行为具有密切关系的行为。间接实行犯具有两个行为,但其不是复合行为犯,而是直接的预备行为与间接的实行行为的结合。

判定具体的利用场合能否成立间接实行犯,不能以共犯从属理论为依据,也不能采取排除法,即认为该场合下不成立共犯,从而考虑其是否成立间接实行犯。间接实行犯是否成立,必须以间接实行犯的主客观特征为判断标准,而且,对于具体的利用行为,只有在判断为不成立间接实行犯之后,才考虑其是否成立共犯的问题。关于间接实行犯的成立范围,以间接实行犯的主客观特征为判断依据,可以得出如下结论:利用不具有意思支配可能性的行为、利用无刑事责任能力者的行为、利用适法行为、利用过失行为、利用不同故意、利用有故意无目的、利用有故意无身份的行为均存在可以成立间接实行犯的场合。

间接实行犯的认定必须考虑其与亲手犯、教唆犯、片面共犯的关系问题。亲手犯的理论基础为行为与主体的不可分离,因此,考察具体的犯罪类型是否为亲手犯,必须考虑,该犯罪类型是否"允许"行为与主体相分离。根据主体与行为不可分离的理论,举动犯、不纯正身份犯、不纯正不作为犯与亲手犯之间并无实质联系;纯正不作为犯为亲手犯,且为真正亲手犯;纯正身份犯、目的犯为亲手犯,且为不真正亲手犯。从间接实行犯与教唆犯的关系中,可以发现,间接实行犯具有从弥补概念走向独立的理论趋势,但目前其依然保留着非共犯性的残余,即目前,相当多的学者重视从实质上探讨间接实行犯的成立根据,例如,以犯罪支配理论或规范的障碍说来考察间接实行犯的诸问题,但是在理论界,以共犯从属理论来研究间接实行犯问题的思维方式亦是存在。间接实行犯是单独犯,而教唆犯是共犯,即使是对于独立教唆犯,其性质亦为共犯性,因此,必须严格区分教唆犯与间接实行犯。此外,我国刑法第29条未包含间接实行犯的规定,因而要严格贯彻罪刑法定原则就必须在立法上增加间接实行犯的规定。间接实行犯与片面帮助犯的区别,亦主要体现在故意的性质上,前者是单独犯的故意,后者是帮助的故意。在前者中,存在利用行为,幕后者能够决定被利用者的行为方向,而在后者中,不存在利用行为。

　　美国刑法中"被利用的实行犯",在性质上,具有弥补"来源责任"之不足的功能,其主犯性仅为技术处理之结果,实则为共犯之一种;在立法上,美国相当多的州立刑法皆对此原则予以认可;在司法实践中,"被利用的实行犯"的适用范围在逐步扩大;在特征上,实行犯必须处于消极次要地位为"被利用的实行犯"最主要的客观特征,同时其主观上的犯罪心理状态却不限。

第一章　间接实行犯的概念

间接实行犯,在德日刑法理论中通常称"间接正犯",考虑到我国立法和刑法理论均无正犯的概念,因而以"间接实行犯"来代替"间接正犯"的称谓,文中出现的"间接正犯"的术语与间接实行犯具有相同的含义,可以用后者替换。

间接实行犯的概念具有一定的特殊性,应否对该概念予以肯定,在理论上存在争议,因而在界定间接实行犯的概念之前,必须对其存在性问题先予研究。

日本有学者将间接实行犯的存在问题与其正犯性问题合并予以论述。[①] 多数学者却还是将两者加以区分。笔者采用多数说的观点,因为间接实行犯的存在问题是有关间接实行犯概念的肯定与否的问题,虽然此种意义上的肯定与否,是间接实行犯的正犯性的肯定与否的前提,而间接实行犯的正犯性问题,实质并非间接实行犯的正犯性肯定与否的问题,而是对其正犯性如何证明的问题。例如,"替补"理论属于间接实行犯概念的存在性问题之理论,而因果关系中断等理论则属于间接实行犯的正犯性理论,因而间接实行犯的概念与正犯性应分别论述,而且,先论述前者才是合理的逻辑思维。

第一节　间接实行犯概念的存在

间接实行犯概念的存在问题,是有关间接实行犯这一概念有无存在必要的问题,亦称"间接实行犯的理论基础"。间接实行犯的理论基础以及成

---

① ［日］立石二六:《刑法总论》,成文堂1999c年版,第310—313页。

立范围的确定,与正犯以及共犯的处罚根据的论争有机关联。① 换言之,间接实行犯概念的存在与否,不仅与正犯理论相关,而且受共犯理论的影响。也就是说,采用不同的正犯概念,间接实行犯可以存在肯定与否定的情形;采用不同的共犯理论,间接实行犯也可以存在肯定与否定的情形。

一、学说简介

(一)否定说

1. 共犯独立性说

共犯独立性可谓是共犯学说中否定间接实行犯概念的理论,它以主观主义的刑法理论为基石。立足主观主义的刑法理论,犯罪行为是行为人危险性格的征表,共同犯罪则表现为行为共同,而由于各共同犯罪人均具有征表其危险性格的行为,因此均对自己的行为承担责任。概言之,共犯独立性说实质是主张,在共同犯罪中,一个行为是否构成犯罪,不必依赖另一个行为的犯罪性如何,从而在共同犯罪人中,被利用者不具有责任能力或者无犯罪意思,对于共犯的成立也不发生影响。因而利用(教唆或帮助)无责任能力人或者无犯罪意思人的行为实施犯罪的,仍不失为共犯,自应按共犯负责,丝毫没有承认间接正犯的必要。② 由此可见,持共犯独立性说的学者之所以否定间接实行犯概念,其理由为,根据共犯独立性说的观点,利用他人实施犯罪,不需要考虑他人的行为状况,可以直接将利用者称为"教唆犯",而不需要间接实行犯的概念。

2. 限制正犯概念

通说将限制正犯概念与共犯从属理论相结合,主张间接实行犯概念具有弥补司法空隙的功能,从而应肯定间接实行犯概念的存在,但如果仅考虑限制正犯概念,结论却未必如此。

限制正犯概念是立足客观主义刑法理论的正犯概念,它以构成要件理论为基础,认为亲自实施构成要件行为者为正犯,为此,利用他人为道具实现犯罪者就不能成立正犯。例如,丈夫甲利用妻子乙收取丙贿赂的场合,甲成立受贿罪的教唆犯,乙成立受贿罪的从犯。③

当然,限制正犯概念在理论的变迁上,前后存在较大差异。在早期的限制正犯概念中,以某种理由肯定间接实行犯的存在,而后来的解释又将相当

---

① [日]阿部纯二:《刑法基本讲座》(第4卷),法学书院1992年版,第80页。
② 马克昌:《比较刑法原理》,武汉大学出版社2002年版,第630页。
③ [日]立石二六:《刑法总论》,成文堂1999c年版,第313页。

于间接实行犯的情形作为共犯处理。① 早期的限制正犯概念,之所以肯定间接实行犯,是因为它从自然主义的立场强调生活用语例的观念。介入者的行为发生了结果,在因果的系列中与介入者以外者具有同种形态的机能,从而肯定间接实行犯的存在。但这种观点与限制正犯概念本身相矛盾,从而受到非难。② 因此,从限制正犯概念本身的立场考察,限制正犯概念与间接实行犯概念应当是相互排斥的,前者之所以排斥后者,是因为前者将正犯概念限制在"直接实行"的范围内。

3. 扩张的正犯概念

坚持扩张的正犯概念,可以将对犯罪结果具有条件关系的行为的实施者均视为正犯,因此利用他人实现犯罪的情形,将利用者视为正犯不存在问题,从而扩张正犯概念具有肯定间接实行犯的意味,我国有学者即持此观点。例如,主张扩张的正犯概念,一切犯罪均可以成立间接正犯,而无己手犯存在的余地。③ 但日本刑法学家川端博认为,"此种理论一方面维持共犯极端从属性,一方面取代限制的正犯概念,对于构成要件之实现赋予任何条件者,仅依此而将其视为犯罪之正犯处罚,特别是非法律所规定之正犯(共犯),解释为是例外,而无特别必要论证间接实行犯之正犯性。"④可见川端博认为承认扩张正犯概念,就应当否定间接实行犯概念。因为,在其看来,间接实行犯的正犯性无特别论证的必要,已在根本上否定了间接实行犯概念的存在性。笔者赞同此说,因为扩张正犯概念实质是主张一元的正犯概念,即正犯与共犯无区分的必要,对正犯进行如此过分的扩张,可能会导致两个相互矛盾的结论,既可以说一切犯罪均可以成立间接实行犯,亦可以说间接实行犯概念不必要。而且,扩张的正犯概念不可取,因为扩张的正犯概念将一切犯罪人理所当然地视为正犯,这不仅否定了正犯之外的概念,而且否定了正犯本身的存在意义,正犯总是相对于共犯而言的。

上述可谓否定说的诸见解,姑且不论否定说立论的理论基础本身是否正确,如共犯独立性说、限制正犯概念、扩张正犯概念等,单从否定说对间接实行犯概念的态度进行分析,不难发现,否定说并未否定刑法中存在间接实行的犯罪现象,并未否定应对此现象追究刑事责任,而只是否定将其作为正犯追究责任的观点。也就是说,否定间接实行犯概念的观点实质是否定其正犯性。

---

① 马克昌:《比较刑法原理》,武汉大学出版社 2002 年版,第 626 页。
② [日]大塚仁:《间接正犯的研究》,有斐阁 1958 年版,第 60—61 页。
③ 林维:《间接正犯研究》,中国政法大学出版社 1998 年版,第 124 页。
④ [日]川端博:《刑法总论二十五讲》,余振华译,中国政法大学出版社 2003 年版,第 378 页。

(二)肯定说

1. 因 果 论

基于因果论的立场,区分正犯和共犯的学说有主观说和客观说。主观说以条件说为前提,由于所有的条件都是等价的,因而必须根据行为者的主观意思来区分正犯和共犯。虽然主观说内部存在多种见解,但都以行为者本身是否具有正犯的意思来认定其是否为正犯。依据此说,间接实行犯具有存在的合理性。而客观说以原因说为前提,主张对犯罪结果具有原因作用者为正犯,而仅具有条件作用者则为共犯。因而被利用者为犯罪结果发生的条件,而利用者为犯罪结果发生的原因,从而也可以肯定间接实行犯的存在。

2. 限制正犯概念与共犯极端从属理论

将限制正犯概念与共犯极端从属理论相结合,从而肯定间接实行犯概念的见解是广为接受的理论。该理论认为间接实行犯概念具有弥补法律空隙的功能,从而应予承认。之所以法律存在空隙,因为采用限制正犯概念,只有亲自实施犯罪实行行为者才可能为正犯,从而利用他人犯罪者不能认定为正犯;而采用共犯极端从属理论,只有正犯的行为具有构成要件符合性、违法性、有责性,才能追究共犯的责任,从而利用他人犯罪者亦不能认定为共犯,而对其不加处罚亦违背法感情。为此,有必要产生间接实行犯的概念,使此种处罚具有合理性。这种观点实质是将间接实行犯作为一个夹缝中的概念,限制的正犯概念无法包容它,而共犯理论无法说明它,法感情又无法宽容它,从而将其作为正犯与共犯之间的"特殊"概念而存在。

综合肯定说的诸见解,可以发现,一方面,因果论和弥补论均肯定间接实行犯具有正犯性,从而与否定诸说区别开来;但另一方面,因果论及弥补论均对间接实行犯的正犯性缺乏有效的证明,因果论证明不当,[①]而弥补论将证明的任务遗留给了后来的理论。但因果论与弥补论对间接实行犯概念均持肯定态度,这是可取的。

二、学说简评及结论

利用他人实现犯罪与自己亲自实行实现犯罪,从行为的构造来看不同,如果严格恪守构成要件定型说及法律形式主义,利用他人实现犯罪尚不能

---

① 因果关系论则有失片面,它仅在存在犯罪结果的情形下发挥作用,而且,因果关系仅是犯罪成立条件之一的构成要件符合性之中的一个并非最重要的因素,以此来认定犯罪,区分正犯与共犯,理由尚欠充分,因而因果论在此完全不可取。而且严格地贯彻因果论,仍需以构成要件论来辅助说明,正是如此,因果论发展的必然归宿是立足规范主义的构成要件说,事实证明亦是如此。

直接认定为实行犯。同时,利用他人实现犯罪者,与共犯亦不同,采用部分犯罪共同说,共犯理论对它的犯罪成立及刑事责任问题也无法合理解决。为此,必须在直接实行犯与共犯之间确定间接实行犯的地位。正是如此,弥补理论具有一定的科学性,从中可以隐约知道,间接实行犯可能是一种非"正犯"亦非共犯的犯罪(人),但由于其不能清晰地为间接实行犯确定合理的地位,而且其将间接实行犯作为一个夹缝中的概念,可能会给人们一个错误的观念,犯罪人体系中包括限制正犯、间接实行犯、共犯。但无论如何,弥补理论的两大贡献不可抹煞:①从间接实行犯理论的发展历史来看,弥补理论的确是间接实行犯概念产生的初衷;②间接实行犯的地位大致处于某种正犯和共犯之间,而且在性质上,它决不具有共犯性。第二个贡献同时也带来了一个难题,如何去证明间接实行犯的正犯性?

如何证明间接实行犯的正犯性? 这必须从正犯理论中获得突破,而否定说的两大支柱却恰恰是正犯理论,为此笔者有必要对否定说进行分析。扩张正犯概念提出的出发点,与限制正犯概念相同,均是出于确定间接实行犯理论的位置。[①] 而且从学说史上而言,限制正犯概念出现在前,由于其不能科学地解决间接实行犯的存在问题,从而扩张正犯概念作为其对立物而出现。但两种正犯概念本身均存在问题,限制正犯概念对正犯的理解过窄,而扩张正犯概念忽视了实行行为的定型,对正犯的扩张过宽。这从一个侧面说明,必须从这种过窄与过宽的正犯概念中寻找更合理的正犯概念,从而将实行行为的定型说与规范意义结合起来,能作为间接实行犯的理论基础的,只能是这样的正犯概念。

由此可见,限制正犯概念和扩张正犯概念及弥补论,宗旨均是要肯定间接实行犯概念,而且提出的问题均是如何将间接实行犯归入正犯,亦即如何科学合理地认定正犯概念。至于否定说中的共犯独立性说,它对于间接实行犯而言可谓是一种无价值的理论,因为它将成立间接实行犯的情形归入共犯,而被利用者可能不成立犯罪,则共犯理论又如何解决利用者的犯罪成立及刑事责任问题呢?该问题最终还得由间接实行犯理论本身来解决,这反过来又证明共犯理论对其无用的结论。这种矛盾的逻辑告诉大家,共犯独立性否定间接实行犯的正犯性,而将其归入共犯的立场在根本上是错误的,从而应当将间接实行犯归入正犯的体系,为此应对肯定说予以支持。

因此,笔者赞同肯定说,而且笔者认为,肯定间接实行犯概念即是肯定其正犯性,将间接实行犯的存在与间接实行犯的正犯性完全分离,不合情

---

① [日]大塚仁:《刑法概说》(第三版),冯军译,中国人民大学出版社2003年版,第264页。

理。弥补理论能够说明间接实行犯概念的存在,但对间接实行犯的正犯性却欠缺证明,因而不可谓是彻底的肯定。因此,要彻底贯彻肯定说,必须从正面,从正犯概念出发,为间接实行犯的存在提供合理的依据,而现有的限制正犯与扩张正犯概念显然无法担当此任。为此,有学者尝试突破形式正犯论的思考方法,而构建实质的正犯论。例如,在德国,犯罪支配说的观点逐渐变得有力。有关间接实行犯的正犯性的理论拟在后文阐述。

第二节 间接实行犯概念的界定

一、理论概要及简评

理论界对于间接实行犯的概念存在多家之言,概言之,主要从三个视角立论。

1. 以间接实行犯的表现形式为基础,采用列举式

日本刑法学家西原春夫认为:"间接实行犯,是指利用适法行为无责任能力者或者无故意者来实现自己犯罪的情况。"①又如我国台湾学者韩忠谟认为,"间接正犯是指利用无故意或无责任能力人的行为,或利用他人的违法性的行为以遂行自己的犯罪者"②。

2. 以间接实行犯的"利用性质"为基础,着眼于利用者

德国学者李斯特认为:"虽非因行为人自身的行为,而是通过其他人(甚至是被害人自己)而实现构成要件之人。"③又如台湾学者陈子平主张:"间接实行犯是利用特定的群体作为中介或者工具实施犯罪行为而必须完全地承担全部刑事责任的人。"④此类定义皆强调间接实行犯利用中介实现犯罪的特征。

3. 从利用者与被利用者各自的特征来定义

"间接实行犯是把一定的人作为中介实施其犯罪行为,其所利用的中介由于具有某些情节而不负刑事责任或不发生共同犯罪关系,间接实行犯对

① 钱叶六:《间接正犯比较研究——兼论我国间接正犯的刑事立法与司法》,载《刑法问题与争鸣》总第9辑,第247页。
② 韩忠谟:《刑法原理》,中国政法大学出版社2002年版,第220页。
③ [德]弗兰茨·冯·李斯特:《德国刑法教科书》,徐久生译,法律出版社2000年版,第362—363页。
④ 王成祥:《间接实行犯探析》,载《零陵师范学院学报》(社会科学版)2003年第1期,第85页。

于其通过中介实施的犯罪行为完全承担刑事责任。"①又如,我国著名刑法学家陈兴良教授认为:"间接正犯,即把一定的人作为中介实施其犯罪行为,其所利用的中介由于具有某些情节而不负刑事责任或不发生共犯关系,间接正犯对于其通过中介所实施的犯罪行为完全承担刑事责任。在我看来,这种实施犯罪行为的间接性和承担刑事责任的直接性的统一就是间接正犯。"②此类定义皆强调间接实行犯具有犯罪行为的间接性和承担刑事责任的直接性,而被利用的中介或者不负刑事责任,或者必须与利用者之间不能成立共犯关系。

对于第一种立场(采用列举法),它具有一定的优越性。例如,它对于间接实行犯的成立范围的概括较为详尽、明了,便于司法操作。但其不足之处也是显而易见。它存在列举方法本身的缺陷——难以穷尽,间接实行犯的具体表现形式较为广泛,一一列举,必有遗漏之嫌;而且,列举的内容只能体现概念的外延,这与概念需要揭示内涵的宗旨不符;此外,要确定具体哪些因子可以加入被列举的行列,首先需解决概念本身具有何种具体要求,间接实行犯的存在范围如何必须根据间接实行犯的性质、概念等来认定,从而间接实行犯的范围应当是概念之后的问题。为此,采用列举的方法给间接实行犯下定义并不可取。

对于第二种立场,它从间接实行犯的利用性来定义,揭示了间接实行犯利用中介实现犯罪的特征,对此应当予以肯定。但它将所有利用他人实行犯罪的情形均认为是间接实行犯,会导致间接实行犯的范围不当扩大,将本来应是教唆犯的行为当做间接实行犯,因而实不足取。而且,此类定义对间接实行犯概念内涵的认识并不具体,间接实行犯中的利用者和被利用者之间究竟存在何种关系,此类定义并未加以明确,因而难以从间接实行犯的概念中洞悉间接实行犯的本质特征。因此,该定义有待补充完善,但其坚持从利用者方面来界定间接实行犯的观点,应当为人们所坚持,而且它提出了中介的问题,有助于人们对此做进一步的研究。

对于第三种立场,有论者认为是从间接实行犯的本质而下的概念,③但笔者认为并非如此,因为利用者与被利用者之间不成立共同犯罪或者利用者不承担刑事责任,其着重点依然在被利用者方面,即强调中介的特征,而

---

①　祝赞:《浅析间接正犯》,载《甘肃成人政法学院学报》2003 年第 1 期,第 45 页。

②　陈兴良:《间接正犯:以中国的立法与司法为视角》,载《法制与社会发展》2002 年第 5 期,第 6 页。

③　钱叶六:《间接正犯比较研究——兼论我国间接正犯的刑事立法与司法》,载《刑法问题与争鸣》总第 9 辑,第 247 页。

非利用者的本质属性；而利用者实现犯罪的间接性和承担刑事责任的直接性，这也只可谓从某种程度上揭示了利用者的特征，但也非本质特征。根据前文确定的间接实行犯具有正犯性这一基本立场，正犯性才是利用者的本质特征。因此，笔者认为，第三种定义法与前两种定义法均存在同样的问题，未从间接实行犯的本质上下定义，而且三种概念中均不存在中心词，或者中心词不明确。但第三种立场较前两者的可取之处在于：它不仅强调了间接实行犯中存在中介，而且阐明了中介的特征。

综合上述三种定义方法的优劣，笔者认为，应当从利用者方面下定义，同时考虑间接实行犯的概念必须揭示间接实行犯的本质以及中介的特征，此外，还必须合理确定间接实行犯概念的中心词。

二、间接实行犯的概念

根据上文分析，要合理界定间接实行犯概念，首先必须解决其中心词的问题，然后在此基础上，结合间接实行犯的其他特征，进行科学定义。

从前文关于间接实行犯概念的理论概要的考察中，可以发现，理论界对于间接实行犯概念的中心词并不特别关注，或者中心词不明确，使用"情况"、"情形"等措辞，当然亦存在明确中心词的定义，即采用"犯罪形态"，或者"犯罪人形态"之类的术语。例如，有学者认为，"它是正犯中的一种形态，而正犯与教唆犯、帮助犯等共犯共为共同犯罪人之具体形态，所以间接正犯也是一种犯罪人形态，而不是犯罪形态"[①]。

为此，确定间接实行犯概念的中心词需要解决的问题为：间接实行犯究竟是犯罪形态还是犯罪人形态抑或是两者皆备？此问题只要明确犯罪形态与犯罪人形态各自的着重点便不难解决，主张间接实行犯仅是犯罪人形态的观点，无非也是根据间接实行犯概念的使用场合而得出的结论。犯罪形态着眼犯罪行为的样态，而犯罪人形态着眼于行为人的样态，为此，相对于教唆犯、帮助犯等概念而言，间接实行犯的确是犯罪人形态。但间接实行犯作为正犯的一种，它同时也是一种单独犯，是相对于共同犯罪而言的，它又是犯罪行为的一种样态。而且，笔者认为，应当强调间接实行犯作为犯罪形态的机能，从单独犯的立场上去研究间接实行犯，考察其与直接实行犯的异同，以摆脱共犯对它的纠缠，同时在其性质问题上，抛弃非共犯性的思维方式，从而为间接实行犯确定独立的地位。间接实行犯既是犯罪形态，又是犯罪人形态，从而应将犯罪形态和犯罪人形态并列作为间接实行犯的中心词。

---

① 李海滢：《亲手犯问题研究》，载《中国刑事法杂志》2004 年第 3 期，第 29 页。

　　综上所述,界定间接实行犯应当注意如下几方面:①必须以利用者为视角;②必须标明间接实行犯的本质,即正犯性,但是正犯是相对于共犯而言的,因而正犯性依然没有脱离非共犯性的窠臼,因而宜在概念中直接使用实行犯的术语,体现间接实行犯是单独犯之一种的特点;③必须明确利用者与被利用者之间的关系,即非共同犯罪性;④必须点明中介这一特定的术语;⑤必须包含概念的中心词,即犯罪形态及犯罪人形态。根据这五方面的说明,可以对"间接实行犯"进行下列定义:间接实行犯是指利用他人为犯罪中介,利用者与被利用者之间不能成立共同犯罪,利用者成立实行犯的情况,间接实行犯既是犯罪形态,也是犯罪人形态。此外,需要补充说明的是,在间接实行犯中,利用者与被利用者不成立共同犯罪是就一般的情形而言,在身份犯的场合,间接实行犯的成立与间接实行犯的一般理论不同,它着眼法规范的意义,因而利用者与被利用者成立共同犯罪也是可能,但是在身份犯的场合成立间接实行犯,应属例外。

第三节　间接实行犯的研究意义

一、理论意义

(一)间接实行犯在刑法理论体系中占据重要地位

　　间接实行犯理论在刑法理论,尤其在共犯理论中占据重要地位,在某种程度上可谓是有关正犯与共犯的各种理论的聚讼之地,其理论涉及之广,是直接实行犯与共犯均不能及。例如,要解决间接实行犯的性质问题,必须运用正犯的理论及行为理论;要解决其犯罪形态、认识利用行为的性质问题,必然涉及犯罪形态的一般理论;要合理确定其成立范围,就必须结合构成要件理论、违法性理论、有责性理论等;要认定其间接实行的性质,必须论述亲手犯问题;要将其与共犯区分开来,必然涉及教唆犯与片面犯等问题;此外,身份犯、目的犯、举动犯及不作为犯等也是间接实行犯理论所不能回避的问题。因此,对间接实行犯进行研究,可谓是对刑法基本理论的一次系统性的大检阅,重新认识旧问题,发现新问题,获得新启发,这与获得间接实行犯理论本身的认识相比,意义更深远。

(二)间接实行犯概念有助于区分正犯与共犯

　　间接实行犯概念产生较晚,甚至晚于共犯概念,而且在司法实践中,间接实行犯的成立几率较直接实行犯和共犯似乎都要低,因而在人们习惯的思维中,对于犯罪人笼统地划分为正犯和共犯,在正犯中更容易只接受直接实行犯的概念,导致共犯的具体范围亦不明确。为此,可以说,正犯与共犯的观念并未真正贯彻到底,易言之,由于间接实行犯的地位的不明确,使得正犯与共犯的界限模糊。因此,通过对间接实行犯问题的研究,有助于明确正犯与共犯的区别。

(三)间接实行犯的研究有助于促进该理论自身的发展

间接实行犯理论虽然在刑法理论体系中占据重要地位,间接实行犯在犯罪人体系中亦占据重要地位,但就该理论的研究现状而言,存在诸多亟待解决的问题:

间接实行犯理论包括其概念、性质、范围、认定等繁杂的内容,就目前的理论研究现状而言,有关间接实行犯理论的重大内容尚不完全,具体表现为:①间接实行犯的罪过形式能否包括间接故意和过失,理论界论述甚少,是学者的忽略还是其认为类比于直接实行犯的罪过形式,尚不可知。间接实行犯是利用型的犯罪,与直接实行犯毕竟不尽相同,即使可以类比,也该进行论证;②间接行为的性质及构造问题也欠研究,它们与间接实行犯的成立范围不能等同,有必要单独进行探讨。因而对此类欠缺的内容进行补充完善,是促进间接实行犯理论发展的重要途径。

不仅如此,理论界对间接实行犯的研究,在逻辑上也欠缺层次,笔者认为间接实行犯的性质决定其着手及终了的认定,决定间接实行犯的存在范围,决定间接实行犯的认定诸问题。为此,应当以间接实行犯的正犯性为核心构建间接实行犯的理论大厦,且在论述的次序上依次为:①间接实行犯概念;②间接实行犯的正犯性;③间接实行犯的基本特征(利用意思、利用行为、罪过形式、行为方式等问题);④间接实行犯的着手、终了及未遂等问题;⑤间接实行犯的成立范围;⑥间接实行犯的认定(亲手犯、教唆犯、片面共犯等问题),体现出由内至外的逻辑思维次序,并在此体系下展开对各具体问题的探讨,从而构建出间接实行犯自身的理论体系。

间接实行犯理论存在诸多亟待解决的难题,几乎在每个重大问题上,如间接实行犯的着手、未遂,间接实行犯的成立范围与教唆犯的区分等问题上均存在严重分歧,因而确有研究的必要。而且,我国对于间接实行犯的研究,大多流于介绍德日刑法理论研究成果,或者在此基础上稍有深入,有重大突破的见解尚少见。这种研究现状不能满足司法实践解决具体案件的需要,因而必须加强对间接实行犯理论的研究。

二、实践意义

我国刑法无间接实行犯的规定,对于"利用他人实现犯罪"的案件,如何定性及确定刑事责任,并无直接的法律根据,对于利用他人犯罪的情形,是根据刑法总则的教唆犯来认定,还是直接依据刑法分则来处理,分歧很多,而不同的处理方式刑事责任却差别甚大。从而在此类案件中,罪与非罪、此罪与彼罪的界限不甚明了。如此则不利于我国刑法发挥其打击犯罪、保护社会、保障人权的功能。立法规定的不足,更需要相对完善的理论以弥补,为此有必要加强间接实行犯的研究,而且要追加立法规定,也必须以相对完善的理论为前提。因此,研究间接实行犯理论不仅能更有效地发挥刑法的各项功能,而且能为立法提供参考。

我国刑法对共犯采用以作用分类法为主、分工分类法为辅的分类方法,因而这种分类法更偏重共犯人刑事责任上的差别。但区分刑事责任的前提依然是犯罪成立条件,如果不能成立共同犯罪,就谈不上以主犯或是从犯处理的问题,因而对于利用他人实现犯罪的情形,首先必须解决其犯罪成立问题,而根据我国立法对共同犯罪概念的规定,无法将间接实行犯的情形认定为共犯,因而这种作用分类法对于解决间接实行犯问题亦是无能为力,从而有必要以正犯的理论对该问题做出处理,将间接实行犯理论引入我国,并上升到立法层面,发挥其对司法实践的指导意义就有了必要。因此,研究间接实行犯理论能为司法界正确地定罪量刑和完善刑法立法提供理论支持,以贯彻罪刑法定原则及罪刑相适用原则。

第四节　间接实行犯的研究思路

通过一个"不构成犯罪之行为人之行为"实现犯罪者是否需要承担刑事责任? 从中国古代刑法的"教令犯",到普通刑法的"无罪行为人原则",以至近代大陆法系的"间接正犯",都对此给予了肯定回答。但是该种刑事责任应以何种名义追究? 现代刑法有间接正犯、正犯、共犯概念之分。德日刑法采用间接正犯概念,关于此概念之立法例,始于德国 1919 年《刑法典草案》,《刑法典草案》第 26 条规定了"间接正犯"的含义,并规定对其应依正犯处理。[①] 日本刑事立法未直接使用"间接正犯"一词,但在刑法解释学中均普遍

---

① 马克昌:《比较刑法原理》,武汉大学出版社 2002 年版,第 630 页。

承认。但是，多数国家在刑事立法和理论上认为对类似情况的处理可以包含在"正犯"或"共犯"的概念中。如俄罗斯刑法就将此种情况直接认定为实行犯，"实行犯"是指直接地实行犯罪或者直接与他人共同实施犯罪的人，利用没有达到刑事责任年龄、无刑事责任能力或者《俄罗斯联邦刑法典》第33条第2款规定的其他不负刑事责任的人实行犯罪的，也视为实行犯。① 而法国刑法则采取以"共犯"概念来包含的态度，按照《法国刑法典》的规定，"罪犯"是指本人亲自完成构成犯罪事实行为的人，那些本人并未亲自实施构成犯罪的事实行为，而仅仅在智力方面促成实行犯罪的人，视为犯罪，称"教唆犯"或"精神犯"，对这种"视为犯罪"，刑法从分则做特殊规定。② 韩国刑法亦采取此立法例。这样，在大陆法系可能被认定为间接正犯者，在俄罗斯刑法中则直接称实行犯，而在法国、韩国刑法中则作为共犯来处理。问题便由此产生，"间接正犯"以及"正犯"和"共犯"何者更科学？如果三者仅存在名义上的差别，那么研究三者中的任何一个都将失去意义。这个问题对于"正犯"和"共犯"比较容易得到解决，共犯理论无论在中国刑法还是大陆法系、英美法系都是颇受青睐的研究课题，且不说理论的科学性与否，这种研究本身就有意义。有问题的是"间接正犯"概念，因为如果直接使用正犯或者共犯概念能有效解决利用不构成犯罪行为之行为人的犯罪性，间接正犯概念则无存在之必要。显然，德日刑法理论都认为这种假设不能成立，它们认为，间接正犯，既非一般正犯（直接正犯）亦非共犯，从而应肯定该概念之存在，"替补"理论可谓支持该肯定见解的理论基础，该理论基础同时折射了对于间接正犯研究的传统思维。

一、"替补"理论解析

"替补理论"含义为，间接正犯是个"替补"概念，由于限制正犯概念和共犯极端从属性之间存在处罚的漏洞，因而需要以间接正犯概念来弥补。限制正犯要求亲自实施犯罪构成要件行为者才为正犯，而共犯极端从属性则认为，只有正犯的行为具备构成要件符合性、违法性和有责性，才能追究共犯的责任。这样，利用不具有刑事责任能力人之犯罪者既非亲自实行又不具有共犯从属性，就可能既不属"正犯"也不成立"共犯"，然而不处罚又违背一般的法感情，因而就发明"间接正犯"概念使这种处罚具有合理性。如德国刑法学家耶塞克认为："在教义史上，间接正犯原本只扮演了'替补者'的

① 赵微：《俄罗斯联邦刑法》，法律出版社2003年版，第109页。
② ［法］卡斯东斯特法尼：《法国刑法总论精义》，罗结珍译，中国政法大学出版社1998年版。

角色。人们当时想将那些顾及共犯严格的从属性因教唆而不可能处理的案件包括进去。"①这种学说在意大利也有较强的影响力,"间接正犯"是极端的"共犯从属性说"的产物。

提出这个概念的目的,是为了在犯罪的直接实行人不具有可罚性的情况下,让犯罪行为的操纵人为自己的非构成要件行为承担刑事责任从而堵塞"从属性"理论中这一明显的"漏洞"。② 在日本,持"替补"观点的学者亦有牧野英一、木村龟二、佐伯千初等,如木村认为:"间接正犯概念是共犯从属性产生的无父之子,是没有祖国的永远的犹太人,其正犯的论证是不可能的,具有与实现从局性原则共存亡的命运。"③这种观点可以说代表了从来的思考。④ 不仅大陆法系坚持间接正犯产生于共犯理论的"替补"学说,我国亦有学者持相同理论。虽然,我国无间接正犯立法规定,刑法解释学对此也未普遍认可,有关间接正犯的理论研究成果亦不多见,但几乎所有对该问题有过研究的学者都直接或间接认为,间接正犯概念只可能扮演弥补刑法漏洞的替补者角色。如有学者认为把握间接正犯的关键在于应当从其非共犯性着手!⑤ 这种从共犯入手研究间接正犯的思维,与间接正犯衍生于共犯,出于弥补共犯不足的理论可谓殊途同归。又如"间接正犯概念的存在以及它的地位与一个国家关于共同犯罪的立法有着密切的联系⋯⋯"⑥。笔者认为应当从共同犯罪的立法规定中寻找间接正犯概念,这与大陆法系的"替补"理论具有相同的旨趣。因此,"替补"理论真可谓根深蒂固,它反映了从共犯推导间接正犯的传统思维逻辑。

二、"替补"理论质疑

"替补"理论是否就是产生间接正犯概念的科学理论呢?非也。"替补"理论的发展前景不容乐观。在日本,越来越多的学者对其正确性开始表示怀疑。日本刑法学家川端博认为:"有关间接正犯概念之沿革,虽上述观点

---

① [德]汉斯海因里希·耶塞克,托马斯·魏根特:《德国刑法学·总论》,徐久生译,中国法制出版社 2001 年版,第 801—802 页。

② [意]杜里奥帕多瓦尼:《意大利刑法原理》,陈忠林译,法律出版社 1998 年版,第 337 页。

③ [日]大塚仁:《刑法概说·总论》,冯军译,中国人民大学出版社 2003 年版,第 142 页,第 288—289 页。

④ [日]大塚仁:《刑法概说·总论》,冯军译,中国人民大学出版社 2003 年版,第 143 页。

⑤ 王成祥:《间接实行犯探析》,载《零陵师范学院学报·社会科学版》2003 年;邵维国:《被利用者的行为构成犯罪与间接正犯的成立》,载《大连海事大学学报·社会科学版》2002 年;宁东升,贾新征:《试论间接正犯的几个问题》,载《国家检察官学院学报》1999 年。

⑥ 陈兴良:《间接正犯——以中国的立法与司法为视角》,载《法制与社会发展》2002 年第 5 期。

(间接正犯作为补充概念的观点)根深蒂固，但这种认识并非妥当，而从规范的观点，间接正犯应与直接正犯同视，基于该种本质的性格之认识所产生之概念，方为妥当的见解……在理论上，正犯概念应当先行于共犯概念，在不可动摇的极端共犯从属性之前提下，将间接正犯概念解释为补充概念，实非妥当。"①大塚仁教授对这种"替补"理论亦极其反感，在他的诸多著作中都强调了这种反对意见，如"这种认识是不正确的。在规范的观点中，间接正犯应该与直接正犯同等看待，这应该说是从认识其本质特征中产生的观念。在今日的德国和我国，即使在没有使其与严格的限制正犯概念和共犯的极端从属性形态相结合的立场中，也广为使用着这一观念。"②又如，"过去的一般见解认为，间接正犯是与正犯相关联的限制性正犯概念……但是，这种形式式的思考不可能给间接正犯看成正犯一种提供理论根据……也有议论认为，从共犯从属性的观点来看，它不是教唆犯，所以就必须解释为间接正犯。但是我认为这是一种颠倒的逻辑。"③另外大谷实教授在论述"间接正犯"时亦是从正犯概念切入，反映出与从来见解相反的立场。上述批判意见可谓集中批判了"替补"理论所体现的思维逻辑，这一逻辑具有致命性的错误：正犯概念应当先于共犯概念，如果间接正犯"姓"正犯，就应当在不构成间接正犯的情况下才考虑有无成立共犯的可能性，而不是由于不构成共犯就以间接正犯概念来弥补，笔者认为这一见解颇为深刻，看来，"替补"理论的科学性已经大打折扣。不仅如此，笔者认为下列论证可以进一步质疑"替补"理论。

1. "替补"理论赖以存在的共犯极端从属性理论现今支持者已经甚少

"在日本，战前的通说是极端从属形态，判例在今日仍然采取这种立场。在依据对刑法形式解释的意义上是可以接受的。但是，从实质的观点来看，限制从属形态比极端从属形态更具有合理性。"④而且，判例对极端从属形态也未坚持到底，有时也采用限制从属形态。⑤ 目前，在日本，限制从属性是通说。⑥ 如果说日本立法对限制从属形态还存有残念，德国立法则已彻底否定。《德意志刑法》把正犯"故意地进行了违法行为"规定为从属性共犯的要件（同法第 26 条，第 27 条）。⑦ 这体现了否定极端从属性而取限制从属形态

① [日]川端博：《刑法总论二十五讲》，余振华译，中国政法大学出版社 2003 年版，第 375 页。
② [日]大塚仁：《犯罪论的基本问题》，冯军译，中国政法大学出版社 1993 年版，第 286 页。
③ [日]大塚仁：《刑法概说·总论》，冯军译，中国人民大学出版社 2003 年版。
④ [日]大塚仁：《犯罪论的基本问题》，冯军译，中国政法大学出版社 1993 年版。
⑤ [日]大塚仁：《犯罪论的基本问题》，冯军译，中国政法大学出版社 1993 年版。
⑥ [日]大谷实：《刑法总论》，黎宏译，法律出版社 2003 年版，第 306 页。
⑦ 林三田：《刑法通论》（下册），北京大学出版社 2001 年版。

的旨趣。因此,极端从属形态现已普遍性地被否定,但间接正犯概念却并未遭受同样的命运,这说明间接正犯的生命力不根植于共犯极端从属形态。

2. 间接正犯概念不能弥补极端从属性所产生的法律漏洞

即使间接正犯概念能够将一些不具有极端从属形态的犯罪行为犯罪化,但是法律还存在两个漏洞:"特别犯或亲手犯并无法成立间接正犯,且一般犯亦未必一定能够成立间接正犯,故即形成法律漏洞。至于帮助无责任能力人之行为,则因无任何法律可援引,故只好任其不受刑法之处罚,而形成法律漏洞。"①既然是出于堵塞法律漏洞而提出间接正犯概念,提出者又为何不将后两个漏洞也以间接正犯概念来堵塞呢?可见,他们也认为间接正犯的存在并非如堵塞漏洞这么简单,其中一定存在某种与共犯无关的因素,它对间接正犯的存在起着实质性的作用。"替补"理论的提出本身就说明共犯从属性理论具有局限性,不然为何需要借助其他概念来补充漏洞?而就连补充漏洞都不彻底,这才是真正有漏洞的理论。

如果说上述否定极端从属形态的理由对"替补"理论还不至于构成致命一击的话,以下则从根本上否定了共犯理论对于间接正犯概念具有决定意义之观点。

在共犯独立处罚原则下也不能否定间接正犯。例如,西德1969年新刑法第29条规定,犯罪之共同加工者各依其自己之责任负担罪刑,他人之责任如何,对之不发生影响。台湾学者韩忠谟认为"这一规定虽使教唆或帮助不负刑责之人为违法行为者,可按教唆犯或帮助犯处,但一般公认犹不能令原系间接正犯之行为一并成为教唆犯或帮助犯。由此可见,纵在确认共犯独立处罚之原则下,亦未可摒弃间接正犯之观念"②。看来,间接正犯事实上并不看共犯理论眼色而自行宣布其成立。作为法律概念的共犯概念,在法理上不能产生间接正犯概念。

三、间接正犯的研究起点

德国刑法学家李斯特认为,共犯从属性的形式取决于灵活的立法安排。共犯概念完全是法律的产物,共犯从属特征只能说明正犯和共犯关系的成文法关系的一个提示。立法者可将此等关系做完全不同的安排,正如迈耶所强调的那样,共犯从属性所表明的共犯相对于正犯的附属性可形成不同的层次。③ 这说明共犯概念是个法律概念,它取决于立法者的安排。与共犯

① 韩忠谟:《刑法原理》,中国政法大学出版社2002年版,第221页。
② [日]大塚仁:《犯罪论的基本问题》,冯军译,中国政法大学出版社1993年版。
③ [德]弗兰茨·冯·李斯特:《德国刑法教科书》,徐久生译,法律出版社2002年版,第356页。

相反,间接正犯概念要应对的却不是法律规定的情形,而是法律规定之外的一种异常情况。法律规定的仅为标准情况,标准情况之外总是会存在异常。例如,水上"飞船"是"船"吗?英国法理学家哈特认为,"有时,对一种表达方式而言,明确的标准情况或者范例与那些成问题的情况相比,两者间的差别仅仅是程度的不同而已"①。"标准情况与成问题的异常情况"并存之事实,亦存在于刑法学中。现代刑法的基本原则为罪刑法定主义,它要求犯罪必须是法律明确规定的,即犯罪之实行行为必须符合构成要件之要求。符合构成要件的"标准情况"为亲自实现构成要件的犯罪行为,立法仅能对此种"标准情况"给予规定。但除此以外,还存在实行行为的异常情况——非亲自实现构成要件之行为,这种异常情况能否视为具有实行犯之构成要件的符合性,这正是间接正犯理论要解决的课题。因此,即使法律上不出现共犯概念及相应的共犯理论,现代刑法的罪刑法定原则和构成要件理论也要求检讨实行犯概念的异常情况——间接正犯作为实行犯之存在性问题。而且,虽然这种检讨也受着法律的制约,但更主要受法秩序的目的支配。因为法律解释的目的并非立法者的意思和具体的规范,相反后者是以前者目标为导向的。德国学者拉伦茨认为:"法律解释的最终目的只能是探求法律在今日法秩序的标准意义,而只有同时考虑历史上的立法者规定意想及其具体的规范构想,才有可能达成此目标。"②因此,检讨实行犯概念之理论研究主要受着法秩序的制约,而并非首先从立法者的意思和具体规范来做解释,从而间接正犯的出发点不在立法。

既然间接正犯研究的起点不在立法,作为法律概念的共犯及共犯理论又怎能为其提供来源地呢?大塚仁教授对此做了精辟的总结,"间接正犯的概念,不是刑法典上的东西,而是近代刑法理论学的产物"③。可见,基于共犯理论之不足而产生间接正犯的观点实在经不起推敲。因此,传统的研究思路——以"替补"理论作为支持间接正犯存在之根据,既违背思维逻辑,又无科学理论基础。

那么产生间接正犯概念的理论究竟为何?应当遵循何种思维逻辑?只有正确的思维逻辑才可能演绎出科学的理论。因此,后一问题的解决是研究前一问题的前提。有趣的是,"替补"理论尽管错误,但对于寻找产生间接正犯的正确理论却具有启发性。因为它真正最想说明也最能说明一个问题

---

① [英]哈特:《法律的概念》,张文显、郑成良、杜景义、宋金娜译,中国大百科全书出版社 1996 年版,第 4 页。
② [德]卡尔·拉伦茨:《法学方法论》,陈爱娥译,商务印书馆 2004 年版,第 12 页。
③ 林维:《间接正犯研究》,中国政法大学出版社 1998 年版,第 27 页。

即间接正犯不属于共犯,有必要将其与教唆犯、帮助犯区别开来。难怪乎有学者认为,"只要有关教唆犯的问题解决了,间接正犯的疑难性就迎刃而解"。① 这一观点固然是无奈之下的轻率结论,但启发便由此展开。要求区分间接正犯、教唆犯和共犯是合理的,但区分的前提必须先有概念的存在。为此就必须先从理论上证明间接正犯具有正犯性,这就必须先对正犯概念有科学认识。另一方面,共犯从属性理论是以承认"正犯"与"共犯"存在区分为前提的,为此要研究共犯理论也必须先界定正犯和共犯概念,必须是用正犯概念来说明共犯从属性,而不是相反。因此,间接正犯和共犯都需要借助正犯理论来回答,那么,间接正犯理论与共犯从属理论应当具有共同的理论渊源——正犯理论。正如许玉秀教授论述的,"如果不是正犯的概念范围出了问题,不可能产生一个非正犯的共犯概念。因此区分正犯与共犯的理论,正是正犯概念的理论。"② 就此引申下去,如果不是正犯的概念出了问题也不会产生一个间接正犯概念。共犯理论和间接正犯理论的一切症结都根源于此。因此,研究间接正犯首先要解决的问题应当是,正犯概念在何处出了问题从而产生了间接正犯概念? 研究的思维逻辑应当是:从正犯概念检讨出发,论证其作为正犯之本体性存在,然后再将其与共犯做区分。解决了间接正犯的本体问题,与此相关的一切问题都将迎刃而解,如间接正犯的内涵、外延,亲手犯问题,身份对于间接正犯之影响等。

---

① 许玉秀:《刑法的问题与对策》,春风煦日论坛——刑事法业书系列 1999 年版,第 6 页。
② 〔日〕大谷实:《刑法总论》,黎宏译,法律出版社 2003 年版。

第二章 间接实行犯的性质

第一节 正犯理论

一、概　述

在间接实行犯概念的存在问题上,以肯定说为可取,而肯定间接实行犯概念即是肯定其正犯性,但是必须注意,这种意义下的正犯性虽不可谓是一种假说,但它也仅仅是从对否定说及肯定说进行分析后推导出的结论,因而对于间接实行犯的正犯性,第一章内容只可谓是从反面进行的证明。而本章欲从正犯理论对间接实行犯的正犯性进行直接的证明,此亦为对肯定说的说明。

间接实行犯为何具有正犯性? 实质是解决"何为正犯"的问题。该问题的解决必须以承认正犯概念为前提,而肯定正犯概念实质是肯定正犯与共犯有区分必要的理论(即区分说),为此首先要解决的问题是:正犯与共犯是否有区分的必要。然后在区分正犯与共犯观念的指导下,确定区分正犯与共犯的标准,即确立科学的正犯概念,并以这种正犯概念来考察有关间接实行犯正犯性的各种观点,并对其进行评价以得出结论。

正犯的理论实质为是否区分以及如何区分正犯与共犯的理论。是否区分正犯与共犯? 立法上有区分与不区分两种做法,例如,美国刑法不区分主犯与从犯,而德日刑法区分正犯与共犯。理论上也有肯定与否定两种观点,如单一正犯、扩张正犯理论否定正犯与共犯存在差别;而限制正犯论则相反。至于如何区分正犯与共犯,由于论者视角不同,区分的标准也不同。

二、不区分正犯与共犯

不区分正犯与共犯的观点,在罗马法时代就存在,例如,罗马法以及晚期罗马法并不从概念上对犯罪参与人予以区分,在中世纪的德国,教唆犯被科处与正犯相同的刑罚,间或也被科处更为严厉的刑罚,而帮助犯的处罚在各种具体犯罪上的发展有着很大的差异,时而受到与正犯完全相同的对待,时而区分做可能科处较轻的刑罚。在中世纪的意大利,普通法及立法上均未对这种概念做严格的界分。① 不仅如此,当今尚有国家的立法采取不区分正犯与共犯的观念,如在 19 世纪末到 20 世纪初的世代交替时期,欧陆法学的共识是单一正犯理论,目前还有奥地利、意大利、挪威、丹麦、瑞典、捷克等国法制采取单一正犯理论。② 可见从整体上看,不区分观念并不具有某种规律性,而且即使对于同一个国家而言,可能在某一时期区分,而在另一时期亦不做区分。例如,英美刑法在普通法时期存在对共同犯罪人的分类,而现代美国刑法在立法上亦取消了这种立法上的划分。因此,要对不区分观念进行一个实证的概括,然后考察其优劣似乎很难,因而笔者拟重点分析不区分观念存在的理论基础是否科学。

(一)不区分观念的理论基础

之所以有论者主张不区分正犯与共犯,主要是基于如下考虑。

1. 因果关系理论

根据条件理论,对犯罪给予条件作用力的,均为正犯。实际上在条件理论流行之前的 18 世纪,就有学者依据因果关系,而认定参与犯罪之人对结果的贡献等价,如 Stübel 认为参与犯罪之人具有相同的可罚性,只是参与者还是依据各自的行为加工而不受刑罚。可见,如果对行为的性质采用因果论的思考方式,同时根据条件说,正犯与共犯就不存在差别,自然无区分必要。

2. 不区分的观点较区分理论更为优越

奥地利学者 Kienapfel 认为,区分理论必须区分正犯与共犯,在法理上探讨各种区分标准极端抽象,使得正犯、共同正犯、教唆犯、帮助犯的概念,像磨光的法律概念的水晶球。而且不区分正犯与共犯,可以仅于量刑上依其不法与罪责内涵,分别可以处适当的刑罚。③ 这种观点是从实用的角度考察问题,由于正犯与共犯难以区分,因而就不予区分。

3. 主观主义的立场

基于主观主义的立场,可以认为犯罪中最重要的是犯罪人,犯罪行为只不过是认识犯罪人的单纯机会,在犯罪人反社会性的重要性面前,行为的法

---

① ［德］李斯特:《德国刑法教科书》,徐久生译,法律出版社 2000 年版,第 357 页。
② 许玉秀:《刑法的问题与对策》,成阳印刷股份有限公司 2000 年版,第 6 页。
③ 许玉秀:《刑法的问题与对策》,成阳印刷股份有限公司 2000 年版,第 11 页。

律意义便丧失了其价值。① 由此可见,主观主义者认为,正犯与共犯的区分,体现为行为性质的差别,因而行为的概念不具有法律价值,正犯与共犯也就无区分的必要。

(二)简　评

采取不区分正犯与共犯的观念,的确回避了正犯与共犯区分上的难题。但我们认为,立法上主张的不区分并不意味着实质上取消正犯与共犯的差别,因为立法的状况受一国的法律传统以立法者的价值取向等各种因素的制约。奥地利在立法上没有区分正犯与共犯,但它的学者认为,"在量刑上分别可以处适当的刑罚"。为此,立法上的不区分在司法实践中并不能贯彻到底。台湾学者林山田认为:"单一正犯概念并不处理行为人在刑事制裁上的资格问题,而将问题推延到刑罚裁量之领域。假如刑事立法上,采行单一正犯概念,则在罪刑法定原则下之刑法,亦必须在刑罚裁量上,制定一系列的规则,如何制定这些刑罚裁量规则以及制定之后的衍生问题,说不定较区分正犯与共犯之问题还要多,故单一正犯概念在刑法上并不可取。"② 因此,为了回避正犯与共犯区分上的难题而在立法上采取不区分的做法,实质只是将难题推卸到了司法领域,容易导致司法的专断,因而与其选择因不区分而导致的弊端,不如选择因区分而带来的难题。为此,要正确解决犯罪人的刑事责任,就免不了要区分正犯与共犯。

而且,不区分学说以因果关系理论的条件论为基础,该理论基础就值得怀疑。因果关系理论是认定结果能否归属行为的理论,是纯客观的范畴,仅仅从客观上考察犯罪的成立与否或者犯罪人之间的区分问题,具有一定的片面性。但以条件理论为基础的不区分论者,可能是强调以行为人的行为对犯罪结果的"作用力"来区分正犯与共犯,由于根据条件说,各行为者的行为对于结果的贡献相同,从而得出正犯与共犯不存在差别。根据行为的作用力来区分行为者,这种思维方式或许可取,但问题在于它将"作用力"的对象仅局限于犯罪结果,存在两点不足之处:①对于不具有犯罪结果或者行为人未完成的犯罪,该理论则束手无策,因而条件说有失片面;②犯罪结果为一静态的概念,而犯罪具有动态的发展过程,即结果之前的原因亦可成为前一原因的结果,如教唆他人犯罪的情形,既然对结果的作用力存在远近不同,作用力即不可能等价,因而条件说有失笼统。因此,以因果关系论来否定正犯与共犯的区分的观点不可取,为此正犯与共犯不做区分的观点不科

---

① 张明楷:《刑法的基本立场》,中国法制出版社 2002 年版,第 286 页。
② 林山田:《刑法通论》(增订七版),北京大学出版社 2001 年版,第 41—42 页。

学。而主观主义立场显然与现代刑法主张的罪刑法定原则相悖。综上所述,不区分正犯与共犯的观点,在实践中无法贯彻到底,在理论上无法立足。

三、正犯与共犯的区分问题

(一)区分说的理论基础

多数国家刑事立法和理论均区分正犯和共犯,我国亦是如此。区分的理论始于何时,为何产生,产生的理论基础为何?据小野清一郎认为,共犯的三种形式(共同正犯、教唆犯、帮助犯)是近代刑法理论的产物,其历史并不太长,古代和中世纪的刑法中都没有这种形式,它也不是万古不变的自然法的东西,近代刑法之所以承认共犯的形式,有其思想的社会根源,有着世界观上的社会现实生活的基础。这种社会根源与生活基础,原始刑法和古代刑法以及中世纪刑法为团体责任和连带责任,以共同体性质的社会构造和朴素的客观伦理为基石。[①]

区分正犯与共犯的观念与共犯从属理论紧密关联,而共犯从属理论的形成却是对两个基本问题做出修正回答的结果。[②] 首先是教唆犯被成功地作为由正犯实施的犯罪行为的共犯加以处罚,即教唆犯不具有独立性而具有从属于正犯的性质。这一结论的得出是由于学者对教唆犯中正犯的行为的重新认识。原来的观点认为教唆犯是犯罪结果产生的原因之一,其对行为人的影响只是因果链条的环节之一,而由于这种观点将行为人作为教唆犯手中一个工具出现,因而与意志自由相矛盾。为此,新的认识认为教唆犯的行为因正犯行为的介入,原来的因果关系即中断,同时认为教唆犯可能对正犯的意志自由产生影响。因此教唆犯不具有独立的特征,其行为的可罚性取决于正犯行为的可罚性。其次是在多个人犯罪中,人们致力于区分原因和条件,从而使帮助犯成为不独立的共犯。弗兰克认为,犯罪行为由谁造成,则为正犯,与他人共同造成,则为共同正犯。相反,如果只是为犯罪的产生提供条件,则被视为帮助犯。[③] 这从一个侧面说明区分正犯与共犯,无非是为了解决各自的犯罪成立及刑事责任问题,共犯从属理论正是解决共犯的成立及刑事责任问题的理论,共犯独立理论却不能担此任,因而肯定区分说,就不能不对共犯从属理论持肯定态度。

---

① [日]小野清一郎:《犯罪构成要件理论》,王泰译,中国人民公安大学出版社 2004 年版,第 148、151 页。

② [德]李斯特:《德国刑法教科书》,徐久生译,法律出版社 2000 年版,第 358 页。

③ [德]李斯特:《德国刑法教科书》,徐久生译,法律出版社 2000 年版,第 359 页。

(二)区分标准的学说

如何区分正犯和共犯,存在多种学说,学说的差别皆源于论者理论立场的不同,体现了客观主义与主观主义的对立,形式与实质的差别等。正犯与共犯区分理论极其复杂,而且学者的分类标准亦不统一,因而显得比较混乱。但仔细分析,发现其区分标准不外乎是两种立场:因果关系论与构成要件论,其中观点可能存在交叉。例如,实质客观说中存在将原因说与实行行为相结合的观点,但其依然可归于因果关系的立场或者构成要件的立场,本书将其归入前者。

1. 因果关系论

以因果关系区分正犯与共犯的理论,产生于19世纪,由于实证主义和自然主义思想的影响,学者们苦于对共犯理论的把握,因而以抽象的因果关系概念来掌握共犯。以因果关系理论区分正犯与共犯,存在主观主义和客观主义两种立场,而因果关系论为客观的理论,为此,主观主义的立场是以因果关系理论(主要是条件说)为基础,实质则以某种主观的内容为区分正犯与共犯的标准。例如,以目的说、利益说等为区分标准,从区分标准上而言,是主观说。而客观主义的立场才可谓是真正以因果关系论为正犯与共犯区分标准的学说。

(1)主观说。主观说以条件说为理论基础,而以主观的某种内容为区分标准,因而与前文提到条件说为不区分说的理论基础之一的观点并不矛盾。由此可见,主张条件说对于正犯与共犯是否有必要区分,则既可以持肯定说,也可以持否定说。

条件说最早由布黎所主张,为德国实务界所采用,认为所有的条件作为原因是等价的,因而依据因果关系不可能区分正犯与共犯,应依据行为者的意思来区分。主观说有故意说与目的说或利益说之分。故意说认为以"实施自己行为的意思"而实施行为的场合叫正犯,以加担于他人行为的意思而实施的场合叫共犯……目的说或利益说认为,为了自己的目的、利益实施行为的场合叫正犯,为了他人的目的、利益实施行为的场合叫共犯。[①]

主观说受到学界如下批判:①主观说不顾行为人的行为,完全根据主观方面来区分正犯与共犯,根本不可能区分清楚;②根据这种理论有可能得出荒谬的结论,例如,某甲从商店为自己的妻子乙窃取了珍珠项链,若其妻子未参与任何行为,会得出甲仅是盗窃从犯,此案并不存在正犯的错误结论;[②]

---

① 马克昌:《比较刑法原理》,武汉大学出版社2002年版,第625页。
② 马克昌:《比较刑法原理》,武汉大学出版社2002年版,第627页。

③主观理论忽视行为的客观层面,以客观行为的等价性为出发点,主张正犯与共犯的分界必须就主观面加以区分,这种观点出发点就是错误的,理论自然不正确;④刑法典明定之构成要件大多就客观面加以描述为界定,主观理论与此等不法构成要件之结构理论亦不相符,故主观理论实不可采。① 笔者认为这些批判见解颇为科学,纯粹的主观说无法操作,要认定主观仍需考察客观,因此抛弃了客观标准的主观说失去了存在的生命力。

(2)客观说。台湾刑法学家林山田在论述区分正犯与共犯理论时,将其分为客观理论、主观理论以及综合客观理论与主观理论的犯罪支配说,其中客观理论亦可分为形式客观说与实质客观说,而立足因果关系理论立场的,仅指实质客观说,形式客观说是后文要论述的以构成要件理论区分正犯与共犯的学说。

实质客观说认为,正犯与教唆犯或帮助犯相比,具有较高的危险性,故试图以行为在客观上的危险性或在因果关系上的分量,作为区分正犯与共犯之标准,亦即主张以行为之危险性以及行为与结果在客观上之因果关系之方式与程度,作为正犯与共犯之区分标准。② 立足因果关系理论中的原因说的立场,认为对犯罪的结果给予原因者为正犯,给予条件者为共犯。③ 由此可见,所谓的"实质客观说"其实质在于强调行为的危险性,或者行为对结果的作用力。因此,我国有学者将实质的客观说称为因果关系论的原因说的区分立场。④ 该观点不可谓错误,但是必须注意,原因说只可谓是实质客观说的标准之一,也就是说,实质客观说中还包含以行为的危险性的程度作为区分正犯与共犯的标准的观点。

实质客观说以原因说来区分正犯与共犯,是否就放弃实行行为的定型呢?答案却为否定,论者依然坚持正犯具有实行行为性,只是在实行行为的理解上,采用了原因说为其认定标准。例如,原因说把实施成为结果发生的行为当做实行行为,从而归结为正犯就是实施实行行为的人,共犯就是实施实行行为之外的人。⑤ 可见以原因说区分正犯与共犯的理论,看似立足因果关系的立场,实则没有放弃实行行为的标准,只是对实行行为采用了不同的理解途径。

实质客观说强调客观行为的重要性,较之主观说更为可取。但是原因

---

① 林山田:《刑法通论》(下册),北京大学出版社 2001 年版,第 47 页。
② 林山田:《刑法通论》(下册),北京大学出版社 2001 年版,第 45 页。
③ 马克昌:《比较刑法原理》,武汉大学出版社 2002 年版,第 626 页。
④ 童德华:《正犯的基本概念》,载《中国法学》2004 年第 4 期,第 144 页。
⑤ 马克昌:《比较刑法原理》,武汉大学出版社 2002 年版,第 626 页。

说将实行行为的认定标准付诸因果关系的原因说,使得这一理论的科学性大打折扣。犯罪除了行为犯,尚存在结果犯,对于行为犯并不要求结果的发生作为构成的要件,因而把造成结果发生的原因的行为与实行行为等同起来,显然不够恰当。[①] 对于实质客观说中以行为的危险性程度作为区分正犯与共犯标准的观点,由于行为之危险性并不能仅仅从客观外在层面加以判断,而必须就参与者之整体犯罪计划始能决定。例如,A医师先命B护士准备适量足以致C病人于死之注射针剂,再由A医师将其注入C体内,致C于死,此B为帮助犯;假如A不知B准备之针剂足以致C于死之事实而为C注射,则B为间接正犯。此两种情形,在客观行为过程上并无不同,其行为之危险性亦无法从外观上加以判断。因此,实质客观说无法改善形式客观说之缺失,故迄今已无学者采实质客观说之见解。[②] 概言之,实质客观说仅采用客观标准来认定行为,这无法对正犯的行为或称实行行为做出科学的解释。

概括上述以因果关系理论为基础区分正犯与共犯的各学说,所谓的"以因果关系为基础",实质上存在两种截然不同的主张:①以因果关系为区分正犯与共犯的标准,即上述实质的客观说;②以因果关系之外的理论为区分正犯与共犯的标准,即上述的主观说。主观说与实质客观说之所以在正犯与共犯的区分问题上采用不同的标准,在于其分别采用不同的因果关系理论为基础,前者采用条件说,而后者采用了原因说,但两种均可以说是以因果关系理论为基础的区分立场。其中,实质客观说采用原因说与构成要件说相结合来区分正犯与共犯,这体现了因果关系论向构成要件论的妥协性,亦在某种程度上揭示了以因果关系理论区分正犯与共犯的观点的非科学性。

2. 构成要件论

共同正犯、教唆犯、帮助犯这三种形式,不仅是单纯的因果关系问题,也是行为的伦理的法律的评价问题,因此,要真正从实质上或者实体上把握共犯形式,就必须把构成要件的实现放在眼里,把促进其实现的行为按照它们的伦理实践意义加以类型化。[③] 为此,从构成要件理论区分正犯与共犯可谓是正确的区分立场。这种理论内部亦存在诸多见解,而且理论界未予具体归类,在此,笔者根据对构成要件本身的不同理解来阐述其各种学说。

---

① 马克昌:《比较刑法原理》,武汉大学出版社2002年版,第626页。
② 林山田:《刑法通论》(下册),北京大学出版社2001年版,第45页。
③ [日]小野清一郎:《犯罪构成要件理论》,王泰译,中国人民公安大学出版社2004年版,第152、156页。

（1）形式客观说。所谓形式客观说，"系以不法构成要件之犯罪行为描述为基础，纯就构成要件该当行为之形式客观面而区分正犯与共犯，亦即是固守构成要件在形式客观上所描述的文义，而不顾及行为人之主观意思及其行为对于整个犯罪之作用的分量，只要是不法构成要件所掌握之行为主体，即属正犯，至于其他对于犯罪之完成只有因果之贡献者，均为共犯"①。此观点对于构成要件的理解，着眼于"描述的文义"，因而称"形式客观说"。

理论界存在以限制正犯论来区分正犯与共犯的学说，将正犯严格限制在构成要件的范围内，认为"不通过他人而由自己直接实施构成要件的行为者是正犯，而参与犯罪但并未直接实施构成要件的行为者为共犯"②。我们认为这种限制正犯论的区分立场，实质即是形式客观说。

以形式的客观说为标准，正犯的范围将相当狭窄，仅及于直接正犯以及部分之共同正犯，其最大缺点在于无法掌握及解释间接正犯，因为间接正犯居于幕后，在形式客观层面上并无法将其评价为正犯之构成要件该当行为。③ 形式客观说的另一缺陷是无法掌握共同正犯，因为行为人只有参与全部或部分构成要件该当行为之实行，始足以构成共同正犯，至于在形式客观上并无实行构成要件该当行为之人，即不能论以共同正犯。④

（2）条件说。扩张正犯概念是采用条件说的立场。扩张正犯论将构成要件扩张到规范之外，即"凡对犯罪构成要件的结果的实现，给予任何条件者，都是实施构成要件的实行行为者，因而都是正犯"⑤。因而扩张正犯论实质是以条件说说明构成要件的内容，从而扩张了构成要件的内涵。这种以因果关系理论来解释构成要件内容的观点，与前文以原因说解释实行行为的观点在出发点上没有不同，只是为了论述的方便，而将后者归入了因果关系论的立场中。在前文正犯与共犯是否有区分必要的论述中，已经论述了条件说为不区分说的理论支柱之一，事实上，采用扩张正犯概念，正犯与共犯在犯罪成立上也没有差别，其差别仅体现在刑事责任上，因而严格说来，条件说与扩张正犯概念均不承认正犯与共犯之间存在根本差别。

扩张正犯坚持了现代刑法的基本原则——罪刑法定原则，因而立场可谓科学。但是扩张正犯理论将构成要件扩张到刑法规范之外，违背了此基本原则，因而不科学。扩张正犯论之所以有此错误的扩张，究其根源在于其

---

① 林山田：《刑法通论》（下册），北京大学出版社 2001 年版，第 43 页。
② 马克昌：《比较刑法原理》，武汉大学出版社 2002 年版，第 626 页。
③ 林山田：《刑法通论》（下册），北京大学出版社 2001 年版，第 44 页。
④ 林山田：《刑法通论》（下册），北京大学出版社 2001 年版，第 44 页。
⑤ 马克昌：《比较刑法原理》，武汉大学出版社 2002 年版，第 627 页。

对因果关系理论做了错误的理解和定位。因果关系在刑法中居于何种地位？对此，刑法界存在两种不同意见：一种意见认为，它是犯罪构成客观方面的要件，是行为人负担刑事责任的客观依据；另一种观点认为，它是犯罪构成的一切必要条件。前者将因果关系定位于纯客观的范围内，而后者将主观要素也包含在因果关系之中。① 显然前一见解可取，依据后一理论，因果关系包含主观要素，可以解决犯罪的成立问题，从而根据因果关系理论来区分正犯与共犯也就顺理成章了，但由于这种理论基础错误，因而不足取。此外，采用扩张正犯论，最终将导致以刑罚的不同来区分正犯与共犯，这种区分标准犯了颠倒逻辑的错误，因为"实定法对正犯与共犯的刑罚的不同评价是法律效果的不同，不是正犯与共犯构成的区别；相反，必须将正犯与共犯的构成区别之后，才能相应地做出对他们的刑罚的不同评价"②。因此扩张正犯理论应否定。

（3）实质的构成要件论。既然形式的构成要件理论存在上述各种弊端，求诸实质的构成要件理论来解决正犯与共犯的区分问题也就成为必然。但是必须注意，实质的构成要件理论并非要抛弃构成要件的形式，而是对构成要件进行实质性的解释，换言之，实质的构成要件论坚持罪刑法定原则，只是根据某种实质的标准，对形式上的构成要件进行阐释。对于实质的构成要件理论这一论题，理论界尚未见有专题论述，据概括，理论界在判定实质的构成要件时，主要采用如下三种标准：

1）社会相当性标准。该观点认为，"存在论意义上的自然行为论及目的行为论无法摆脱解释能力不足的尴尬，人格行为论的范围能够离开社会，可能会变得无边无际，有时人格与行为似乎并无必然联系。在社会意义上把握刑法上的行为不但能够解释所有行为，而且揭示了行为的本质"③。从而应该根据社会行为论来证明实行行为，即对条文所规定的实行行为进行实质意义上的解释，而社会相当性理论就是一种从社会意义角度对行为的解释论，一种非常重要的实质主义的解释论。④

2）现实性危险的行为。该说为日本刑法理论界的通说，也是我国刑法界较普遍的观点。实行行为是指包含着实现基本构成要件的现实性危险的行为。至于如何判定行为的现实危险性，日本刑法学家大塚仁认为，行为的危险性，不只是从物理的观点所看到的指向犯罪实现的危险性，也包含着从

① 侯国云：《刑法因果新论》，广西人民出版社2001年版，第25—27页。
② 马克昌：《比较刑法原理》，武汉大学出版社2002年版，第627页。
③ 董玉庭：《论实行行为》，载《环球法律评论》2004年夏季号，第191页。
④ 董玉庭：《论实行行为》，载《环球法律评论》2004年夏季号，第192页。

社会的观点能够一般认识到的危险性。刑法中的评价应当适应作为刑法存立基础的具体社会的一般观念来进行,根据这种观点,即使不存在物理意义上的危险性,也可以进行处罚。而且对指向犯罪实现的危险性的一般性认识可能与社会同时发生变化,因此,需要根据评价时的具体社会的社会观念来判断。①

3)犯罪支配说。该说为德国刑法理论界的通说,日本也有不少学者支持该说。犯罪支配说以德国刑法学家洛克信为集大成者。它系以连接不法构成要件之紧缩正犯概念为基础,并使用结合客观和主观犯罪中犯罪支配概念,作为区分正犯与共犯之指导原则,认为行为人在整个犯罪过程中居于犯罪支配之地位者,即为正犯;否则,即属共犯。② 这种学说在具体判断实行行为时,认为构成要件该当行为,不能够单纯从客观外在过程或单纯从行为人主观态度上加以理解,而应当理解为客观与主观的结合,行为人主观上具有操纵意思,客观上其行为在整个犯罪过程中居于支配地位,并且根据正犯的不同形式,区分为行为支配、意思支配、功能性支配。其中直接实行犯为行为支配,间接实行犯属意思支配,而共同正犯则为功能性支配。

对于实质的构成要件论的各种学说,笔者认为,社会相当性标准说意图以其"内涵的不确定性"的特点,作为其科学性的依据,从而以此来认定正犯,观点颇为独特。同时,对于典型的实行行为,如单独犯的实行行为,在解释上亦难以出现偏差,但是对于某些异常型问题,如间接实行犯、共谋共同正犯问题,仍然使用一个社会相当性这种不确定的标准,这恐怕会使问题更为复杂。内涵绝对确定的标准不可求,但相对确定的标准依然存在,然而社会相对性标准实则难以称为标准,因而实不可取。犯罪支配说的确存在较大的优越性:它坚持以构成要件来区分正犯与共犯的基本立场,符合现代刑法的罪刑法定原则。它坚持从实质上进行区分正犯与共犯的观点,克服了形式论的不足,有助于区分的实现。它坚持主观与客观相结合的区分方法,符合认识论的一般原理,防止片面分析问题的可能,它突破了研究对象的狭隘。无论是因果关系理论区分正犯和共犯的观点,还是以构成要件来区分的其他诸见解,考察行为均停留在对于"结果"的意义上,而犯罪支配说却对"犯罪的过程"予以动态的考察,即分析行为对于犯罪过程的支配作用,使得这一标准不仅具有普遍性,同时体现了整体性和动态性,尤其是对于一些非典型行为能予以更合理的解释,如隔离犯问题。但该学说要适用于我国尚

---

① 〔日〕大塚仁:《犯罪论的基本问题》,冯军译,中国政法大学出版社1993年版,第71页。
② 林山田:《刑法通论》(下册),北京大学出版社2001年版,第50页。

存在难度:因为我国不存在正犯的概念,即使在共同犯罪中,接受的也是实行犯的观念;更为重要的是,我国对共犯人主要采用作用分类法,区分主犯和从犯,认定主要作用和次要作用已经很难,如果再要求认定某一行为对整个犯罪是否具有支配作用,将使问题更加复杂。

因此,笔者主张采用日本通说及我国通说的观点,以行为是否具有现实危险性作为认定正犯(实行犯)的标准。尽管该标准也存在问题,但以现实的危险性作为认定实行行为的标准,含义尚能相对确定,同时它亦坚持了罪刑法定原则,而且对单独犯(实行犯)与共犯中的正犯采用了统一的标准,体现了理论的一致性。

第二节　间接实行犯正犯性的理论

间接实行犯具有正犯的性质,这几乎为理论界的通说。但这种正犯性的证明却一直是困扰学者的难题,理论界主要存在以下学说。

一、工 具 说

工具说认为,间接实行犯本身并非正犯,而是拟制的正犯,之所以可以将间接实行犯拟制为正犯,因为间接实行犯与直接实行犯在法律上的评价相同。之所以两者在法律评价上相同,因为被利用者作为"法的不自由者"[①],在法的性质上与直接实行犯使用机械或器具的情形相同。将被利用者视为工具,这是形象的比喻。实际上,工具说在说明利用他人犯罪为何可以成立间接实行犯的问题上,是以刑法理论中的"拟制说"为基本理论,此种理论在说明其他问题时有时也被采用,如法人的性质问题。

理论界对工具说最有力的批判为:①主张"所处罚的不是真正的正犯而是拟制的正犯,这是违背罪刑法定主义"[②]。②该理论对于有责任者的行为为何是工具缺乏积极的论证。此外,它还被批评为通俗有余、理论性不足,词义含糊等。

对于上述批判,笔者认为,语义含糊有苛求之嫌,任何一种理论均存在此天生之疾,不过是程度不同而已,因而考虑明确语义即可,而不必要对理论进行根本性的否定。至于工具说对于"有责任者的行为为何是工具,缺乏

---

① 林维:《间接正犯研究》,中国政法大学出版社 1998 年版,第 63 页。
② [日]木村龟二:《刑法学词典》,顾肖荣译,上海翻译出版公司 1991 年版,第 336 页。

积极的证明"，这的确是工具说的缺陷，工具说的特点就是使用形象的比喻，给人直观的印象，对该理论并未予以积极的论证，但工具说的实质仍可以从此一斑得以窥见。因而问题不在工具说有无积极的证明，而是工具说本身是否科学，即被利用者是否是工具？法律能否拟制正犯？

被利用者是否是工具？法律能否拟制正犯？这必须根据违法性理论来论证，即必须考虑法律对于"被利用"的评价与对于工具的评价是否可能相同？在违法性的本质问题上，存在主观违法性与客观违法性之争，两种违法性理论对于该问题的认识采取不同的立场。依据 Merkel 为代表的主张主观违法性的观点，法规范仅针对完全责任能力者的意思而言，而对于自然现象和无责任能力者的意思造成的结果，法规范无法归责。换言之，非出于人类意思，而纵然藉着人类行动而为表现之行为，仅被认定为自然现象而已，在此被利用者充其量仅为"自然力之综合代表"，其不对现象提供任何精神意义，特别是对法律支配亦不提供任何关系，而在因果关系上，可将行动归属于不法概念者。[①] 由此可见，依据主观违法性说，利用不具有责任能力者与利用自然的工具，在法律评价上可谓相同。但如果被利用者具有责任能力而不具有责任，此种被利用者就不能与自然现象具有同等的法律性质，因为对于被利用者而言，他的行为虽不构成犯罪，但却具有违法性，自然现象至今为止，从未被法律宣告为违法，而具有违法性的行为，在刑法上是具有法律效果的。例如，对于不构成犯罪但被法律评价为违法的行为，受害人可以进行正当防卫。因此，从刑法的视角来考察，立足主观违法性说，将利用"人"的行为与利用工具的行为等同的观点不科学。而依据客观违法性学说，违法为违反客观的评价规范，只要与法秩序相背即可认为是违法，因而自然现象亦可成为违法主体。但今天主张客观违法性说的学者并不坚持这种极端的见解，而是将自然现象排除在违法评价之外。例如，Jhering 虽然主张客观违法性，但同时区分法律现象与自然现象，认为风雷雨不可能为违法主体，即他并不排除人类的意思。[②] 因此，依据客观的违法性说，不构成犯罪造成危害结果的行为与工具造成危害结果，在法律评价上绝不可能等同。概言之，无论是立足主观违法性说，还是着眼客观违法性说，法律绝不可能将被利用者与工具做等同评价。由于法律不能做此等同评价，因而法律也就不能拟制出正犯，这种拟制的确存在与罪刑法定主义相矛盾的问题。因此，笔者认为，工具说本身即不科学，更谈不上考虑其能否为间接实行犯的

---

① 余振华：《刑法违法性理论》，元照出版有限公司 2001 年版，第 73 页。
② 余振华：《刑法违法性理论》，元照出版公司 2001 年版，第 76 页。

正犯性提供有效的证明的问题。但是它对被利用者的描述较为形象,因而虽然工具说不可取,但在论述间接实行犯的问题时,"工具"的术语已广为接纳。

二、国民道德观念说

"国民道德观念论"亦称"社会生活之通念说",贝林格曾以"生活用语例"[①]来说明将间接实行犯作为正犯对待的理由,而且贝林格的这一见解亦为大塚仁教授所肯定,例如,大塚仁教授认为,"贝林格根据日常生活用语例证明间接正犯是正犯,在说明上虽然尚不充分,但是符合一般人的率直的认识,刑法理论要尽可能地符合一般人的感觉来构成。法律既是社会的规范,法律理论就不能是只要法律家能够理解就行了的,至少在结论上,需要社会一般人的认同和接受,从这方面来看,后期的限制正犯概念论也是不适合一般性感觉的逻辑游戏。"[②]但是,对于这种以易为接受的生活用语解释间接实行犯之正犯性的观点,德国学者 Sauer 却持坚决反对态度,他认为"间接正犯之形式是与生活毫无关系的理论构成物,仅是特别的法律用语"[③]。

综上所述,对于能否以"国民道德观念"来解释间接实行犯之正犯性的问题,理论界呈现出赞否两论,我们认为大塚仁教授的评论甚为中肯,理论的日常性和大众性应当受到提倡。但除此以外,理论还具有自身的贯通性,因此,仅仅从"日常生活用语"来阐述间接实行犯的正犯性,固然容易为大众所接受,但用它解释间接实行犯的正犯性,而对别的正犯(直接实行犯、共同实行犯)的正犯性却采取其他理论来解释,则欠缺理论一致性,尤其是在强调理论严谨性的大陆法系刑法学中,采用这种观点不可谓不是遗憾,因而采用"国民的道德观念"来解释间接实行犯的正犯性的观点不可取。

当然,在更注重经验主义、实用主义的英美刑法学中,的确采取此种无需说明理由的理由来论证相关问题。例如,在美国司法界,将"被利用的实行犯"[④],表述为"帮助犯直接构成主犯的原理"。显然,此用语的替换,表明"被利用的实行犯",在性质上既有帮助犯之旨趣,又有主犯之意味。那么,其究竟是帮助犯还是主犯? 美国学者认为,"被利用的实行犯"是"主犯无罪,共犯有罪,从而这种共犯作为自己之主犯而被追究刑事责任"[⑤]。由此可

---

① [日]大塚仁:《犯罪论的基本问题》,冯军译,中国政法大学出版社 1993 年版,第 72 页。
② [日]大塚仁:《犯罪论的基本问题》,冯军译,中国政法大学出版社 1993 年版,第 75 页。
③ 林维:《间接正犯研究》,中国政法大学出版社 1998 年版,第 67 页。
④ 赵香如:《美国刑法中的被利用的实行犯》,载《国家检察官学院学报》2004 年第 5 期,第 113 页。
⑤ Stevon L Emanual,*Criminal Law*,CRITIC PUBLISH HOUSE, 2003,P.218.

见,美国刑法在此回避主犯理论,而对"被利用的实行犯"的性质从逻辑上、技术上做处理,即认为被利用的实行犯实质是共犯(或帮助犯,或从犯),但又视为"自己之主犯"。这种转换处理的思维方式与大陆法系以"国民道德观念"论述间接实行犯之正犯性在方法论上并无不同,两者均回避了理论上的证明难题。但同样的方法论在不同的法系却具有不同的法律效果。在美国刑法中,此种回避具有合理性,因为将被利用的实行犯理解为共犯,才能与其具有弥补共犯责任之不足的功能相协调,同时将被利用的实行犯视为主犯,由于是"自己之主犯",从而能使其脱离与从犯之间的纠缠,与主犯之间的纷争,同时避免了证明上的难题。① 而且,美国刑法在法典上将所有的犯罪参与人均称为主犯,此立法形式亦能有效地掩盖此种逻辑迂回战术的狡黠。而在大陆法系刑法理论中,以"国民的道德观念"解释间接实行犯的正犯性,既无法逃脱立法的追问,又无法摆脱理论的质疑。

三、因果关系理论

(一)因果关系中断理论

该观点认为,如果可以肯定利用者的行为与犯罪结果之间存在因果关系,而且这种因果关系不因被利用者行为的介入而中断,利用者就可以成立间接实行犯。据有关资料显示,以因果关系中断理论来证明间接实行犯正犯性的观点源于日本刑法学家胜本勘三郎的"中断种类的排除"的理论,他认为利用无责任能力者、有共犯关系者以及可以预见他人介入等情况,不存在因果关系的中断。②

以因果关系中断理论证明间接实行犯正犯性的观点,实则是以因果关系区分正犯与共犯之观点的延伸,后一观点的不足之处在前文已做论述,而前一观点存在与此相同的错误,因而不拟赘述。

(二)原因条件区别说

该论认为利用者的行为是犯罪结果发生的原因,而被利用者的行为仅为犯罪结果发生的条件,为此,可以肯定利用者的行为与犯罪结果之间存在因果关系,从而可以肯定间接实行犯具有正犯性。例如,日本的大场茂马、泉二新熊等即持此见解。但有学者认为,在自然因果论上,区分原因与条件实属肆意的举动,且欲因此区分而论述是否系正犯,亦难使人心服。③

①　赵香如:《美国刑法中的被利用的实行犯》,载《国家检察官学院学报》2004 年第 5 期,第 116 页。
②　林维:《间接正犯研究》,中国政法大学出版社 1998 年版,第 64 页。
③　林维:《间接正犯研究》,中国政法大学出版社 1998 年版,第 65 页。

以因果关系区分正犯与共犯的观点实不可取,以此来证明间接实行犯之正犯性的观点自然不可能科学。而且,若对上述见解深究下去,因果关系中断理论在被利用者存在故意或过失行为时将发生证明上的难题;原因条件区别说,就连被利用者的行为从直观上看是犯罪结果发生的原因这一批判都很难提出有力的反对意见。

四、实行行为性说

实行行为性说可谓是从实质的构成要件立论来说明间接实行犯的正犯性的观点。该说在日本被认为是通说,为团藤重光、福田平、大塚仁、内田文昭等学者所支持。前文介绍大塚仁教授对"国民道德观念论"的态度时,即已表明其对实行行为的界定,即实行行为包含着实现基本构成要件的现实性危险的行为。要证明间接实行犯具有正犯性,就必须说明间接实行犯的实行行为体现在哪些方面,对此,比较有力的一种观点认为,在背后者的利用行为中,主观上具有实行的意思,客观上使被利用者的行为实现一定的犯罪,即可以看出来包含能够招致侵害、威胁法益的现实危险性这一点。①

实行行为性说较之前述诸说均具有优势:①它以构成要件为考察点,可谓抓住了问题的实质,而且符合罪刑法定原则的要求;②它从实质上考察构成要件行为的标准,克服了构成要件形式说的弊端,因而甚为可取。但在间接实行犯中,其难点在于应如何认定利用行为的性质及被利用者的行为的性质。

五、规范的障碍说

规范的障碍说是指:"打算利用的他人,从规范上看,是否成为犯罪的障碍成为标准。"②如果可以肯定被利用者存在规范的障碍,则利用者可以成立间接实行犯,反之则间接实行犯的情形应予否定。在日本理论界,支持该观点的学者日益增多。但日本刑法学家川端博认为,以规范的障碍为基准,对于利用行为,划定间接正犯与共犯之界限,可谓系优越之着眼!但是,以此为"正犯"的契机而思考者,或许有不合"正犯"之实态!规范的障碍的观点,究竟所指为非共犯性或正犯性之何者,此点被认为过于将重点置于利用行为之"非共犯性"上,或许将问题放在实现构成要件之结果之"现实危险性",在方法论上系较妥当吧!③

---

① 马克昌:《比较刑法原理》,武汉大学出版社 2002 年版,第 631 页。
② 马克昌:《比较刑法原理》,武汉大学出版社 2002 年版,第 632 页。
③ [日]川端博:《刑法总论二十五讲》,余振华译,中国政法大学出版社 2003 年版,第 383 页。

六、意思支配说

意思支配说为综合主客观标准,同时采用实质正犯论的立场证明间接实行犯的正犯性的理论,它为德国理论界的通说,在日本有相当的学者支持该说,我国部分学者也极力推崇此观点,如张明楷教授等,而且对该说没有明确表明态度的学者,有时就间接实行犯的某个问题阐释理由时,也流露出这种倾向,因而犯罪支配说的观点也在逐渐影响我国学界。

对于意思支配的含义,理论界存在两种定义:①"由于行为人滥用对于他人的强烈影响力,或利用他人无罪责之行为,或利用他人之不知、无知或错误,以达其犯罪目的,被充当犯罪工具之人在意思决定上或意思活动上,并无自我决定之自由,行为人居于幕后而立于优势支配地位,操纵支配被利用者之意思决定与意思活动,而达到一个跟亲自实行构成要件该当行为等价之犯罪支配情状。"①简言之,意思支配就是指被利用者缺少意思自由,幕后者具有意思的支配,同时通过支配被利用者的行为达到支配、控制整个犯罪过程的目的。②意思的实现必须在正犯的支配之下完成,亦即意思实现的过程受意思的支配和操纵。根据意思支配说,间接实行犯指利用无犯罪支配意思之人而实施者。②

意思支配说存在两种不同含义,采用不同的含义,间接实行犯在成立范围上可能不同,此不同集中体现为,利用有故意的行为能否成立间接实行犯的问题。从直观上看,根据第一种含义,利用有故意的行为,由于被利用者也存在意思决定,因而利用者将无法成立间接实行犯。但采用这一定义者如林山田教授并不否定该种情形下的间接实行犯,例如,他在具体论述"间接实行犯与行为工具间的利用支配关系"时,在"特别利用关系的间接正犯"的标题下阐述了"正犯后之正犯"的情形。③另外,由于犯罪支配说内部的各种具体观点的强调点不同,对此问题的处理也将有差别,例如,Welzel 强调意思支配说的客观属性,否定"正犯背后的正犯"概念,而 Maurach 同样依附Welzel 的目的犯罪支配理论,而且也强调犯罪支配的客观面,但在"正犯后的正犯"之问题上观点却相反。由此可见,采用犯罪支配说区分正犯与共犯以及采用意思支配说证明间接实行犯之正犯性,对于"正犯后的正犯"概念肯定与否并不确定;而且肯定与否与意思支配说的不同含义之间也无绝对

---

①　林山田:《刑法通论》(增订七版·下册),北京大学出版社 2001 年版,第 51 页。
②　许玉秀:《刑法的问题与对策》,成阳印刷股份有限公司 2000 年版,第 37 页。
③　林山田:《刑法通论》(下册),北京大学出版社 2001 年版,第 67 页。

的对应关系。因而尽管意思支配说存在种种优越性,但其在解释其主张的"正犯后的正犯"概念时,总有点牵强。而且采用意思支配说,对于身份犯的问题无法解决,因而犯罪支配说的集大成者对其所谓的义务犯做了特别处理,即身份犯是处于意思支配理论之外的,有身份者对于无身份者而言,也可以存在意思支配,从而使得该理论并不彻底。

意思支配说为犯罪支配说的理论之一,它适用于解释间接实行犯的情形,犯罪支配理论区分正犯与共犯的观点的确具有其优越性,对此已做概述。但是考虑到犯罪支配说不适宜于我国刑法,我们并未采用该种区分正犯与共犯的学说。而且意思支配说在解释间接实行犯的正犯性问题上,其立场本身就不坚定,因而本书不采用意思支配说作为间接实行犯正犯性的理论。

七、结　　论

本节在介绍上述各种观点时,同时简评了各学说的优劣,而且笔者认为应采用实行行为性说来证明间接实行犯的正犯性,但是在具体证明时,将采用有别于通说的方式。而且对于采用实行行为性说的理由,前文也已做交代。在此,需要补充的是,采用实行行为性说在思维方式上的特点。笔者认为,工具说、因果关系理论、规范障碍说均是从被利用者的角度考虑问题,在间接实行犯的正犯性问题上,均采用了"非共犯式"的思考方式,其思维的深度依然停留在弥补论的程度,似乎过于强调间接实行犯的非共犯性,而对其作为单独犯的性质却认识不够,这显然不符合间接实行犯的本质。而且,对于正犯(实行犯)必须采用统一的正犯标准,以体现理论的一致性,而非共犯性的思维方式显然存在此方面的不足。而意思支配说从利用者的角度证明间接实行犯的正犯性,对此应予肯定,但它采用了实质的正犯论的观点,将其适用于我国刑法理论尚存在难度。概言之,在间接实行犯的正犯性问题上,必须抛弃这种非共犯性的思维方式,而采用统一的正犯性的思维方式,即必须思考间接实行犯的实行行为性,这亦是本书命名"间接实行犯研究"的要旨所在。

第三节　间接实行犯的实行行为性

一、行为理论下的间接行为

在利用他人实现犯罪的场合,要研究幕后人是否存在实行行为,首先必须确定幕后人的行为，而确定幕后人的行为则必须根据行为理论来认定。对此，笔者采用有意行为说，根据该理论，要成为刑法中的行为，必须具备两个条件：①行为主体具有意思支配可能性；②行为人必须在意思支配可能性下引起了一个外部态度。为此，将利用行为认定为幕后人的行为显然不存在问题。但是，能否将被利用者的行为亦认定为幕后人的行为呢？如果可以，幕后人又该具有何种条件呢？

根据有意行为论，行为必须包括心素和体素，心素指意思支配可能性；体素指外部态度。一般认为，符合此主客观两方面的条件就可以将一个"事实"认定为行为。但行为的概念中事实上还隐含着行为人的要素，意思支配可能性和外部态度只有与主体相结合，才具有意义。换言之，考察一个行为是否存在，在客观上必须考察它是谁的外部态度；在主观上必须考察，谁对该外部态度具有意志支配可能性。在间接实行犯中，被利用者的行为显然是一种外部态度，在此，需要考虑的问题是，谁为该外部态度的主体？是它的身体的直接发出者，还是它的意思的发出者？

1. 外部态度

迄今为止，还没有哪一种观点强调外部态度只能从身体的动作上做考察。根据行为理论，我们认为，行为概念强调"外部态度"，其意义在于：①它只能归属于人，从而排除动物、自然现象等成为行为主体的可能性；②它仅能限于外部态度，从而将其与单纯的意思或思想等内部态度区分开来；③它必须与外界相连，表现为对外界的变化。可见，外部态度的发出自然必须存在身体，但并非一定要求身体直接发出，直接的身体动作固然称得上是"外部态度"，但身体间接发出的动作成为行为的"外部态度"也是可能的。

那么如何判断一个"外部态度"是否存在呢？作为判断的基础，第一是物理的观点。物理地观察人的态度的场合，在那里存在的只是运动及静止，运动必须使外界发生某些变动，所以它在意思支配可能性下实施的场合，那是行为没有疑问。成为问题的是静止，关于静止在怎样的场合成为行为的理论的基础，直到今日仍有种种的争论。① 例如，西原春夫教授认为，静止，在成为标准的身体运动由意思支配的可能性范围之内的场合，由于具有不实施那样的身体运动这种社会的意义，与身体的运动同样被认为是外部的态度，自然属于行为。这样，"不实施一定的身体运动"这种态度，刑法学上

_____

① 马克昌:《刑法中行为论比较研究》,载《武汉大学学报》(社会科学版)2001年第2期,第137页。

叫做"不作为"。① 西原春夫用"社会行为论"来证明不作为是行为的观点,并不可取,但他强调"静止"在意思支配可能性的范围内也可以被认为是外部态度,此观点却为可取。在间接实行犯中,如果不考虑利用行为的作用,孤立地考察被利用者的行为,其对于幕后人而言,也可谓是"静止"。为此,被利用者的行为能否被认定为幕后人的外部态度,也必须考察幕后人对被利用者的行为是否具有意思支配可能性。

在多数情形下,外部态度与行为人的关系比较直观,因而不需要对其主体归属问题进行特别认定。例如,直接杀人、直接盗窃等行为,均不发生"这是谁的外部态度"的难题,但是在特别的情形下,行为人的要素也需要特别考察。例如,不作为在主体归属上就发生问题,德国刑法学家 Kaufmann 在考察不作为的因果关系问题时认为,因果关系的判断是行为与结果之间的关系的判断,这就要求考察是谁的不作为,仅仅考察不作为自身与结果的因果关系是没有意义的。可以说,能够实施作为的 Y_1—Y_N 的不作为,作为一个总体与结果之间具有因果关系,肯定了这个意义上的因果关系之后,再具体确定谁应该实施作为,这种选择机能,就是不作为犯中的作为义务。② 事实上作为义务存在与否的问题,实质就是考察不作为能否归属行为人的问题。可见对于一个外部态度,不能仅从外观上进行判断,简单地将其归于具有身体动作的主体。

由上可知,行为概念所要求的外部态度,并非强调行为人必须具有有形的、直接的身体动作,不为特定的行为的"静止"可以成为外部态度,身体间接发出的动作也可成为外部态度。具体在间接行为中,如果可以肯定中介的外部态度由幕后人所引起,在客观上,就可以将该外部态度归属于幕后人,从而肯定幕后人也是中介的行为的"身体的发动者"。这种"引起与被引起的关系",即是因果关系,它是要确定"后一个行为或结果的归属问题"。因此,判断幕后人的行为,即诱致行为与中介的行为之间在客观上是否存在引起与被引起的关系,就可以根据因果关系的基本原理来解决,根据因果关系理论,可以直接将中介的外部态度认定为幕后人的外部态度。

因果关系理论可以将一个行为人间接产生的外部态度归属于行为人,但这还只解决了行为的体素问题。行为的成立还必须考虑心素,即必须考虑行为人对该外部态度是否具有意思支配可能性。因此,要将一个间接行为认定为幕后人的行为,还必须研究幕后人对该外部态度是否具有意思支配可能性。

---

① 马克昌:《刑法中行为论比较研究》,载《武汉大学学报》(社会科学版)2001年第2期,第138页。
② 张明楷:《外国刑法纲要》,清华大学出版社1999年版,第129—130页。

2. 意思支配可能性

迈耶、泷川幸辰等认为行为的因果关系必须在行为的界限内,而行为是基于人的意欲或者意欲可能性的身体动静,因此,行为的因果关系的判断,必须就基于意欲或者意欲可能性的身体动静进行判断。[1] 这种观点认为,行为人主观上存在故意、过失,就说明行为人认识到了行为与结果之间的因果关系,在这种认识下,行为人依然实施了行为,而由于行为概念本身包含因果关系,因而就可以将该结果归属于行为人,从而因果关系理论就成为不必要。有学者批判这是将客观的因果关系与故意、过失的罪过理论等同起来,从而认为因果关系理论不必要。[2] 这种评价是科学的,但导致这种错误结论的根源是它忽略了行为人的认识的因果关系可能与客观因果关系不相符,因而不是肯定前者就必然可以肯定后者,而由于存在故意与过失就将结果直接归属行为人是不对的,但该观点还包含一个正确的观点,即要将行为归属行为人,行为人就必须存在故意、过失,这是从规范意义上下的判断,但从存在论上,要存在故意或过失就必须首先有意思支配可能性。换言之,行为总是在一定的意思支配下实施的,因而只能将行为归属它的意思主体。

由上可知,行为应当归属于产生它的意思的主体,从而行为所要求的外部态度既可以由行为人直接发出,也可以由行为人间接产生,为此幕后人亦可以成为被利用者的行为的主体。那么,幕后人成为被利用者的行为的主体,事实上需要具备哪些条件呢?

二、间接行为存在的条件

在间接行为中,考察幕后人对外部态度是否存在意思支配,必须结合中介的意思支配(或可能性)来考察,即幕后人必须具有高于中介的意识支配。如果中介对外部态度不具有意思支配可能性,而幕后人具有意思支配可能性或者现实的意志支配,则可以肯定幕后人的意思支配显然高于中介,这就是后文有关间接实行犯的成立范围中的利用不具有意思支配可能性的行为的情形。但是,考察意思支配的高低,不能局限于意思的有无,还必须结合意思的性质及具体内容进行研究,这就超越了行为理论的能力,因为行为理论只能在意思的有无上分出高低,而不考察意思的性质和内容。因此,在幕后人与中介均对外部态度具有意思支配可能性的情形下,要认定一个外部态度能否归属幕后人,就必须对意思的性质和内容进行规范判断。根据刑

---

① 张明楷:《外国刑法纲要》,清华大学出版社 1999 年版,第 118 页。
② 张明楷:《外国刑法纲要》,清华大学出版社 1999 年版,第 118 页。

法规范,笔者认为下例情形可以认为幕后人具有高于中介的意思支配:①幕后人具有犯罪意思,而中介不具有犯罪意思支配的可能性,例如,中介不具有意思支配可能性,或者不可能产生犯罪的意思;②幕后人具有犯罪意思支配,而中介虽然具有犯罪意思支配可能性,但未产生现实的犯罪意思支配,如中介具有过失的行为;③幕后人与中介均具有犯罪意思,但两者意思的内容不同,前者为重罪的意思,后者为轻罪的意思,例如,利用不同的故意的情形。因此,如果幕后人的犯罪意思支配与中介的犯罪意思支配内容相同,或者程度更低,则不能认为幕后人对中介的外部态度存在意思支配,从而不能将其外部态度视为幕后人的外部态度,从而否定间接实行犯的成立,在间接实行犯被否定的前提条件下,才可以考虑是否成立共犯的问题。这种幕后人必须具有高于中介的犯罪意思的支配的理论,人们称为"超越意思支配理论",它是间接实行犯成立的主观条件,也是间接实行犯作为单独犯与共犯在主观上的根本差别。

同时,间接行为的成立不仅必须考虑幕后人主观上的意思,还必须结合间接行为本身的特点来认定。间接行为是幕后人通过中介实施的行为,体现了行为主体与行为的分离,因而其前提必须是,具体的犯罪类型"允许"行为主体与行为相分离。如果某种犯罪要求行为主体与行为不可分离,则间接行为无法存在,如背叛国家等行为即如此。

必须注意,由于行为概念对行为的主观意思要求仅是意思支配可能,它包括现实的意思支配和支配可能性,行为理论的界限机能是将不具有意思支配可能的外部态度排除在行为之外,而将不具有现实的意思支配但具有支配可能的外部态度置于刑法的评价之下。从而在间接行为中,外部态度和意思支配之间就不是一对一的关系,也就是说一个外部态度可以和数个意思相结合,从而可以归属于数个主体。换言之,将中介的行为认定为幕后人的行为,并不就排除中介本身不可以拥有该行为,中介的行为性质如何,必须对其单独进行规范判断,其成立犯罪也是可能的。例如,利用有过失的行为,利用不同故意的行为,中介均可以成立犯罪,但间接实行犯却也可以成立。必须注意,任何理论均具有局限性,不要试图用一个理论解决所有的问题,行为理论与因果关系理论相结合并进行规范评价,可以为间接实行寻求到合适的主体。但是中介的行为归属于幕后人,该行为是否是犯罪行为、是否是实行行为必须适用实行行为的一般理论来解决。

需要补充的是,采用上述理论来解决间接实行犯的行为问题,就会出现,对一个行为首先就要进行主体上的评价,这种思维在我国的犯罪论体系之下不存在问题,我国采用四要件说,将主体要件提前是可以的,但是采用德日刑法的三阶段的犯罪论体系则可能存在问题,因为三阶段的犯罪论体系,在判断次序上,是先考虑行为后考虑主体,通过对行为进行构成要件符合性、违法性的判断之后,再对主体进行有责性的判断,但这种判断实际上与定型说的观点也不一致。如果肯定构成要件是违法有责的类型,那么一个符合构成要件的行为,在通常情况下同时也就具有违法性和有责性,而排除违法性和有责性的情形就应属例外,从而对主体的责任能力及罪过的判断,事实上在构成要件符合性的阶段就已经进行。因而在有责性的判断中,实际上就只剩下期待可能性的判断,从这个角度上考察,采用三阶段的犯罪论体系,对行为首先就进行主体归属上的判断也是可能的。

　　值得一提的是,在众多否定间接实行犯概念存在性的观点中,台湾个别学者的观点可谓独特。例如,台湾学者黄常仁认为,"如果肯定间接正犯,我如何使人替我让我的意志去奔腾? 而利用过去我的所作所为与利用他人的所作所为没有两样,事实上所有的犯罪均是间接正犯"①。对此,笔者认为,意志的确无法奔腾,间接实行犯不是让他人替自己的意志奔腾,而是让他人替自己外部态度奔腾,刑法中的因果关系理论就是为解决这种客观事实的奔腾而创立的理论;利用过去的所作所为,行为人只能认识客观规律为自己所利用,而无法改变规律,而在间接实行犯中,幕后人对其间接行为具有控制改变的能力,幕后人实施利用行为之后犯罪既遂之前,他依然可以改变间接行为的方向,即他既可以阻止被利用者继续进行,如果被利用者不可靠也可以更换。因而利用客观事态与利用人的情形根本不同,前者是直接实行,后者是间接实行,正是如此,对于一个间接行为,仅有行为的奔腾尚不够,还必须有行为人的意思,这种意思是控制和改变他人行为的意思。正是基于此,笔者主张以是否存在超越被利用人的意思来认定幕后人犯罪意思的存在与否。

　　由上可知,如果被利用者的行为具备下列主客观条件,即可将其认定为幕后人的行为:①幕后人相对于被利用者而言具有超越意思支配;②被利用者的行为由幕后人所引起;③具体的犯罪形态允许行为主体与行为分离。为此,在间接实行犯中,幕后人事实上存在两个行为,即利用行为与间接行为,那么两者中何者为实行行为呢?

三、间接实行犯的实行行为

(一)间接行为与实行行为

间接行为是否为实行行为,必须对其进行实行行为性的判断,其判断的

---

①　黄常仁:《刑罚的极限》,元照出版公司 1999 年版,第 284—287 页。

标准即是实行行为的一般理论。对于实行行为的认定问题,根据前文的分析,我们主张采用现实危险性说。这与直接实行犯完全相同,因而不拟赘述。因此,如果能够判断利用者实施中介的行为能否成立实行行为,则可以肯定该行为就是间接实行犯的实行行为,即间接实行行为。

通过上文分析,可以对被利用者的行为采取两个步骤进行认定和评价,首先是进行非规范意义上的归属判断,其次是进行规范意义上实行行为性的判断。通过这种考察,可以得出间接实行行为实质是自然行为的间接性和规范行为的直接性,从而与直接实行行为在法规范上没有不同,只是体现出行为方式的间接性。为此,间接实行犯可以直接适用刑法分则的规定,而不存在与罪刑法定原则的冲突问题。

(二)利用行为

对于利用行为的性质,学界并未展开专门的论述,而是在讨论间接实行犯的着手问题时,体现出论者对利用行为的性质所持的观点。实行行为的问题是认定着手之前的问题,因而必须对利用行为本身是否为实行行为予以专门探讨,在此前提下,才可展开有关间接实行犯着手、终了及未遂等相关问题的研究。

关于利用行为的性质,理论界存在三种观点:①利用行为是预备行为,简称"预备说",这是德国理论界曾经的通说,亦为日本实务界所采用的标准;②利用行为是实行行为,简称"实行说",此为日本理论界的通说,也是我国学者普遍接受的观点;③利用行为可以为实行行为,也可能为预备行为,区分两者的标准为被利用者是否存在犯罪故意。二元的标准在理论上不可取,作为学术研究必须寻找统一的标准,当然允许存在例外。为此笔者着重分析实行说与预备说。

1. 实 行 说

实行说主张利用行为是实行行为,至于被利用者的行为,实行说认为其是利用行为的自然延长,自然的延长应当做何解释?实行说没有回答,但从有关论述中可以发现,实行说仍然将被利用者的行为与利用行为视为两个行为,为此日本及我国部分学者,主张间接实行犯应当为复行为犯。[①]

主张实行说者的主要理由为,利用行为具有侵害法益的现实危险性,其代表者如日本学者大塚仁、野村稔等。例如,野村稔认为,"在间接正犯的场合,行为者的行为计划里预定了他人的行为以及可能成为规范的障碍的他

---

① 钱叶六:《间接正犯比较研究——兼论我国间接正犯的刑事立法与司法》,载《刑法问题与争鸣》总第9辑,第266页。

人行为的中介,所以只要不存在偶然的障碍,其对法益的侵害是必然的"①。但相当多的学者认为,事实上在利用行为之时,危险并不是很迫切,因而又提出其他理由作为上述理由的补充或修正。例如,有学者认为,被利用者的行为也是因果关系的经过,离开间接实行者的手之后再开始认定实行行为并不合理,实行意思的主体与实行行为的主体不可分离即是此意。②这可谓从反面肯定实行说的观点。也有学者通过对利用行为实质化,以克服实行说的不足,例如,大塚仁教授:"我认为利用行为中包含着实现犯罪的现实危险性,如果不包含这种危险性,就不能是间接正犯的利用行为。"③这种观点将利用行为中不具有法益侵害的现实危险性的行为排除出去,从而认为能成立利用行为者,必定是实行行为,该观点亦为台湾诸多学者所认可。

2. 预备说

预备说主张利用行为是预备行为,其主张理由主要为:实行构成要件行为,乃可判断间接正犯之行为业已进入着手实行之阶段。④而构成要件行为显然是重视实行行为的形式层面,因而根据该观点,只能在被利用者的行为中寻找实行行为,从而将利用行为认定为预备行为。

但是必须注意,在日本,即便是持预备说的学者,在研究间接实行犯的实行、着手及未遂等问题时,却也在利用行为中求解,在此存在两种学说:①将实行与着手相分离,即利用行为是预备行为,但可以认定为存在着手;②将实行与着手不加分离,但是将它们与未遂相分离,即利用行为是预备行为,但可以认定为着手及实行,而未遂则必须在被利用者实施行为之时。对此两种修正着手、实行、未遂等问题的学说,笔者认为,第一种学说可能基于如下考虑:利用行为中可能存在具有"现实危险性"(实行行为性)的行为,而它又是预备行为,因而如果不存在被利用者的行为,则无法对此具有现实危险性的行为进行处罚,从而缩小刑法打击面,因而将着手与实行相分离,使刑罚也可以介入预备行为;对于第二种学说,由于利用行为中可能存在具有"现实危险性"的行为,因而应当认定为着手及实行,但如果没有被利用者的行为,处罚这种利用行为可能会扩大刑法打击面,为此将利用行为认定为预备行为(这在日本刑法中,原则上是不受处罚的),而只有被利用者实施行为时才能认定为未遂,这样就遵循了不处罚预备行为的原则。由此可见,这种修正学的产生,根源于与间接实行犯问题相关的两个困惑:①利用行为虽然

---

①　[日]野村稔:《刑法总论》,全理其、何力译,法律出版社2001年版,第342页。

②　[日]团藤重光:《刑法纲要总论》(第三版),冯军译,创文社1999年版,第355页。

③　[日]大塚仁:《犯罪论的基本问题》,冯军译,中国政法大学出版社1993年版,第88页。

④　林三田:《刑法通论》(下册),北京大学出版社2001年版,第74页。

不全是,但也存在部分具有现实危险性(实行行为性)的行为;②日本刑法原则上不处罚犯罪预备。此两个困惑也是利用行为的性质认定难的原因。

3. 观点分析及结论

由上可见,对于预备行为的性质,实行说与预备说实质上没有差别,均认为利用行为中既存在具有现实危险性行为,也存在不具有现实危险性的行为,对于前者应当处罚,对于后者不应当处罚,这实质是将利用行为进行了分解,该观点同样犯了二元论的错误。对利用行为采取分解的态度,将直接导致间接实行犯在着手、实行、未遂等问题上的难题,为此才出现上述各种修正理论,虽然此类修正理论在证明上都有点勉强,但在日本刑法理论下,它也不失为解决利用行为的复杂性问题的一条捷径。

但如果采用了行为理论解决间接实行犯的实行行为性问题,这就可以运用一般刑法原理来解决间接实行犯实行行为性的认定问题,从而既能恪守构成要件理论,又能维护未完成形态的理论的统一性。具体而言,不必对利用行为进行分解,对于利用行为的性质,可根据其形式层面加以认定,这样就可将利用行为认定为预备行为。至于日本刑法通常情况下不处罚犯罪预备的原则,我国刑事立法和刑法理论并未采用,即我国刑法原则上处罚预备犯,因而导致利用行为性质认定难的第二个困惑在我国也不存在。因此,结合上文分析,采用行为理论来论证间接实行犯的实行行为性,将利用行为认定为预备行为,不会产生着手、实行、未遂等问题上的混乱。

为此,利用行为应当是预备行为,其理由如下:①根据实行行为的一般理论,利用行为决无解释为符合刑法分则规定的构成要件行为的可能性。②如果利用行为可以认定为实行行为,就不能称利用者为间接实行犯。③根据前文对行为归属性问题的研究,被利用者的行为本就应当归属幕后人,然后才能进行实行行为性的判断,从而将被利用者的行为认定为实行行为,不存在实行说所谓的构成要件上的难题。

此外,学界存在一种观点,认为大多数情形下以被利用者的行为为着手的时间标准,但被利用者的行为与利用行为在时间上接近其遂行即为确实时,则以利用行为为着手。[①] 对该观点,有学者认为其是采用二元制的着手标准,但笔者认为它实质上是一元制,应当认为是采用被利用者的行为为着手的标准,也就是将利用行为认定为预备行为的观点。因为该观点并不是主张将利用行为认定为实行行为,而恰恰相反。根据该观点,利用行为不是实行行为,通常的情况下必须以中介的行为来认定着手,只是根据着手的一

----

① 甘添贵:《刑法之重要理念》,瑞兴图书出版社1996年版,第194页。

般理论,如果采用实质客观说的标准,则可以将与实行行为的密接行为认定为着手,因而在此产生利用行为与密接行为的重合。但如同密接行为不是实行行为一样,利用行为本身也不可能是实行行为。但是在某些情形下,利用行为引起被利用者实施行为的盖然性比较高时,利用行为也可能被认定为间接实行犯的着手。例如,通过邮局邮寄恐吓文件,投递邮件的行为,就具有侵害法益的现实危险性,因而可以被认定为实行行为。但是,利用行为因成为密接关系的行为而被认定为着手,这只是巧合,与利用行为的性质无关,在大多数情形下,利用行为难以成立与构成要件行为具有密接关系的行为。

　　另外,还必须考虑一种特殊的情形,即利用行为本身符合刑法分则的规定。例如,甲对司机乙不满,故意将其车辆破坏,乙疏于检查,因而果真发生事故。显然,此案中,甲的利用行为成立破坏交通工具罪,同时甲还可能成立交通肇事罪的间接实行犯。在此,直接行为与间接行为之间存在手段与目的的关系,不宜以想象竞合犯处理,而应当采取牵连犯的理论来解决。

　　综上所述,笔者认为在间接实行犯中,只可能将间接行为认定为实行行为,而且该间接行为即为幕后人自己的行为,幕后人除此间接行为外,还存在利用行为,它是预备行为。实行行为是犯罪的核心,因而存在这种直接的预备行为不影响间接实行犯概念的纯洁性,而且间接实行犯仅意味着实行行为是间接进行的。这个结论同时说明,我国少数学者及日本部分学者主张间接实行犯是复合行为的观点是不科学的。概言之,间接实行犯中必须存在两个行为,即利用行为与间接行为,其中前者为直接行为,同时为预备行为;后者为间接行为,同时为实行行为,由于实行行为是间接实施,因而称间接实行犯。至此,可以勾画出间接实行犯的行为构造:幕后人→利用行为→被利用者的外部态度→(犯罪对象)→侵犯客体。由此可见,间接实行犯的"间接",实际上体现为两个间接性,即实行行为的间接性和作用对象(犯罪对象)的间接性。

第四节　间接实行犯的实行形态

一、不作为与间接实行犯

　　以作为的方式实施间接实行犯,这种情形容易被接受,而间接实行犯能否由不作为构成,理论界则存在肯定说与否定说的对立。

(一)肯 定 说

德日刑法对间接实行犯的实行形态论述甚少,大多在讨论亲手犯时有所涉及,其中可以发现存在肯定说的见解,台湾学界基本上也持肯定说。例如,日本存在一则判例:母亲不充分履行自己的监护义务,致使三四岁极淘气的孩子偷入他人住宅。母亲看到这种情景毫不阻止孩子的侵入行为,反而认可并放任。在这种情况下,有关学者认为母亲以不作为成立侵入住宅罪的不真正不作为犯,且是间接正犯的形态。① 在德国,洛克信根据义务犯的理论也支持肯定说,例如,他认为作为保证人的监护人故意不防止被监护人对第三者的侵害时,成立义务犯的不作为间接正犯;如果监护人积极介入故意利用被监护人,则构成作为的间接正犯。② 又如,台湾学者认为,利用人在主观上具有犯罪的意思,在客观上又具有防止结果发生的法律上的作为义务,能防止而不防止,此项不作为自得与作为同视,将其认为利用行为,负间接实行犯的责任。不过,不作为成立间接实行犯的情形,并不多见。③ 此外,我国也有部分学者认为不作为方式也可以成立间接正犯。例如,甲明知火车因紧急任务需要改道,欲达颠覆之目的,虽有通知职责但故意不通知扳道工扳道,致使火车颠覆,构成破坏交通工具罪的间接正犯。④ 由此可见,肯定说大多以间接实行犯的正犯性理论或者因果关系的理论为肯定理由。

(二)否 定 说

德国有学者认为,间接实行犯只能由作为的方式实施,具有作为义务者利用他人实施犯罪的情形,应以直接实行犯处理。例如,精神病院的护理人员有意识地不阻止精神病人去攻击同精神病院的病人,看护精神病人的义务促使护理人员成为保证人,保证精神病人不伤害任何人,这里完全不需要绕过间接正犯。⑤ 此外,中国大陆及台湾地区学者多持否定说。概括否定说的诸见解,其主张理由主要如下:①间接正犯对犯罪结果的发生是自己积极追求的,但不能操纵犯罪结果的发生,本可以实施一定的作为阻止结果的发生,由于不作为而得以发生,这种情况不符合间接正犯的概念,不作为人不是把作为人当成自己犯罪的中介。⑥ 简言之,幕后人虽然可以希望犯罪结果

---

① 宁东升、贾新征:《试论间接正犯的几个问题》,载《国家检察官学院学报》1999 年第 3 期,第 13 页。
② 朴宗根、高荣云:《论间接正犯》,延边大学学报(社会科学版)2003 年第 4 期,第 60 页。
③ 甘添贵:《刑法之重要理念》,瑞兴图书出版社 1996 年版,第 197 页。
④ 祝赞:《浅析间接正犯》,载《甘肃政法成人教育学院学报》2003 年第 1 期,第 46 页。
⑤ [德]耶塞克、魏根特:《德国刑法教科书》,许久生译,中国法制出版社 2001 年版,第 815 页。
⑥ 宁东升、贾新征:《试论间接正犯的几个问题》,载《国家检察官学院学报》1999 年第 3 期,第 13 页。

发生,但其无法操纵犯罪结果,若以间接实行犯处理可能扩大其成立范围。
②直接实行行为与间接实行行为都是一种积极的行为,而不作为则是一种
消极的行为;直接实行行为与间接实行行为只不过是作为标准下的一种分
类而已,所以,间接实行犯只能由作为的形式构成。① ③从行为论的角度分
析,诱致行为一般表现为唆使、欺骗、强迫、自然顺应等积极的作为形式,只
有这种积极的作为才能合乎逻辑地引起被利用者在利用者犯罪意图的支配
下实施一定的行为,而不作为是不可能产生这种支配力的。如果承认不作
为犯可以构成间接正犯,那么势必存在着这样一种情况,即行为人以不作为
方式利用他人的不作为去实施一定的危害行为并因此而获罪,这在理论上
和实践中都是难以想象的。② 此观点可以概括为:利用行为如果为不作为,
则无法引起被利用者的行为,从而不符合间接实行犯的本质,同时,以不作
为的方式利用他人的不作为实施犯罪,这是难以想象的。概言之,支持否定
说的学者,认为不作为不具有支配力;而支持肯定说则可能扩大间接实行犯
的成立范围;而且,以不作为的方式利用他人的不作为是难以想象的。

(三)观点分析及结论

　　否定说以扩大间接实行犯的成立范围为由而否定不作为可以成立间接
实行犯的观点,理由不充分,间接实行犯能否存在不作为,这必须根据间接
实行犯的理论基础去判定。至于不作为不具有支配力,这是无法成立的,不
作为与结果之间亦存在因果关系的观点已广为接受。至于以不作为的方式
利用他人的不作为实施犯罪难以想象,这种观点有点片面。只要承认不作
为也具有原因力,就不能忽视以不作为的方式引起他人的作为的情形。其
次,对于肯定说,根据间接实行犯的正犯性理论来论证不作为与间接实行犯
的成立问题,其出发点应当肯定,同时结合因果关系理论来进行具体说明,
这亦有必要,但由于对间接实行犯的正犯性持不同见解,同时对被利用者的
行为的性质存在不同认识,因而肯定说虽然理论出发点正确,但推理和结论
还有待商榷。

　　根据前文的论述,间接实行犯的行为包括两部分:利用行为与间接行
为。德日的肯定说显然是肯定利用行为可以为不作为,而我国肯定说同时
也肯定间接行为为不作为,为此有必要对两者分别进行考察,即考察利用行
为能否为不作为,间接行为能否为不作为。

　　① 王成祥:《间接实行犯探析》,载《零陵师范学院学报》(社会科学版)2003年第1期,第86页
　　② 邹世发:《间接正犯特征探微》,载《山东公安专科学校学报》2003年第1期,第64页。

1. 利用行为能否为不作为

根据间接实行犯的行为构造,必须考察不作为能否引起他人的外部态度,不作为在提供原因力上显然不存在问题。例如,监护人对精神病人的盗窃行为坐视不管,该盗窃行为与监护人的不作为之间的因果关系就可以肯定,因而可以说利用行为可以为不作为。

2. 间接行为能否为不作为

根据间接实行犯的基本理论,间接行为的存在必须以主体与行为可以分离为前提,为此必须考察不作为的行为能否与其主体相分离,结论很明显,不作为是以主体存在一定的作为义务为前提,如果主体不存在作为义务,根本就谈不上不作为的问题,而如果行为人具有一定的作为义务,其不作为本身就可直接侵犯犯罪客体,而无中介存在的余地。现以我国学界肯定说的一个设例来说明,"虽有通知职责但故意不通知扳道工扳道,致使火车颠覆",对此,论者认为不通知者成立破坏交通工具罪,且为间接实行犯。在此案中,破坏交通工具通常情况下为作为犯,但也可以不作为的方式实施,因而应为不纯正不作为犯,对于扳道工人依据其职责要求可以产生作为义务,这不存在问题,而不通知者产生作为义务也是可能,例如,他基于自愿而承担通知义务却不通知,而且,扳道工人没有履行扳道职责,这也是由不通知者所引起,因而在形式上,可谓是以不作为的方式引起了他人的不作为。对于此案,不通知者成立破坏交通工具罪,而扳道工人不成立犯罪,这应当也没有问题,但问题是,不通知者在此是否为间接实施呢? 不通知者负有通知义务,也就是说他具有维护交通安全的义务,由于交通安全不是仅由他通知就可以得到维护,因而刑法不要求其保证交通安全而只需其履行通知义务,从而行为人如果履行通知义务,不管他人作为不作为,行为人均不承担刑事责任。但如果行为人不履行通知义务,其不作为就具有使交通安全遭到破坏的可能,只要发生了法益侵害的结果,行为人就应当承担刑事责任。在此案中,一旦足以使火车颠覆,就可以将其行为人认定为破坏交通工具罪。换言之,不通知者不需要借助中介的外部态度侵犯犯罪客体,他对犯罪客体的侵犯是直接的,而间接实行犯对犯罪客体的侵害却具有间接性。因而,此案中的不通知者应成立直接实行犯。又如我国有学者认为,通过杀害扳道工,也可以成立破坏交通设施罪的间接实行犯。[①] 对此,扳道工人既然被杀,就不存在外部态度问题,也就不存在所谓"通过他人实施犯罪"的情形,从而不存在间接实行犯成立与否的问题。因此,笔者认为,间接实行犯

---

① 林维:《间接正犯研究》,中国政法大学出版社 1998 年版,第 107 页。

中的间接行为不能是不作为。

综上所述,在间接实行犯中,利用行为可以是不作为,而间接行为不可以为不作为,那么间接实行犯的行为究竟能否为不作为呢? 答案应为否定。因为利用行为虽然可以为不作为,但其仅具有预备的性质,而能够作为间接实行犯的实行行为的只能是间接行为,而它只能为作为,也就是说,间接实行犯的实行行为只能为作为,从而间接实行犯只能由作为的方式才能实施。例如,上述监护人利用精神病人盗窃的行为,监护人以不作为的方式成立直接实行犯。概言之,笔者主张间接实行犯不存在不作为的行为方式。

二、过失、间接故意与间接实行行为

在直接故意的心理支配而成立的间接实行犯不难理解,但过失与间接故意能否成立间接实行犯,理论界存在肯定说与否定说。

(一)肯定说

肯定说者的理由主要为:①行为方式上,间接正犯的"间接"只是描述客观的行为方式而已,并没有主观方面的天然限制。否认间接正犯可以由过失构成,则会放纵某些犯罪。[①] 如张某知其子与其妻有时共同吃饭,但为谋杀其妻仍在饭中下毒,令保姆端给妻子,其妻先喂其子致其子死亡,张某对其子的死亡持间接故意。[②] 又如,铁路调度信号员由于疏忽错误发出信号,扳道员盲目相信地按照信号员的信号扳动道岔,结果导致两列火车相撞,造成重大伤亡与财产损失,无论如何不能认为信号员的行为是直接实行行为。[③] ②行为论的角度,仅将故意实行犯分为直接实行与间接实行,但对过失实行犯不做区分,这在理论上是不完美的。[④] 又如,木村龟二认为:"只要对过失行为的正犯概念和故意行为的正犯概念做二元性理解,就必须要承认过失间接正犯。"[⑤]

(二)否定说

否定说者的主要理由为:①间接实行犯不能由间接故意构成,因为间接实行犯的成立与否关键要看被利用者是否实施了成立犯罪所要求的核心行为,若被利用者没有实施核心行为,则不构成间接正犯。[⑥] ②间接实行犯主

---

① 祝赞:《浅析间接正犯》,载《甘肃政法成人教育学院学报》2003 年第 1 期,第 47 页。
② 王成祥:《间接实行犯探析》,载《零陵师范学院学报》(社会科学版)2003 年第 1 期,第 86 页。
③ 王成祥:《间接实行犯探析》,载《零陵师范学院学报》(社会科学版)2003 年第 1 期,第 86 页。
④ 王成祥:《间接实行犯探析》,载《零陵师范学院学报》(社会科学版)2003 年第 1 期,第 86 页。
⑤ [日]木村归二:《刑法总论》,有斐阁 1987 年版,第 404 页。
⑥ 祝赞:《浅析间接正犯》,载《甘肃政法成人教育学院学报》2003 年第 1 期,第 47 页。

观上具有单独的犯罪故意,间接实行犯明知被利用者无犯罪故意或为无刑事责任能力之人仍加以利用,希望通过被利用者的行为实现其犯罪目的,所以,间接实行犯主观上所具有的只能是单独的犯罪故意。[①] ③间接故意对结果的心理态度不是积极追求,间接正犯与间接故意的要求明显不同,间接故意不能构成间接正犯。[②]

(三)问题分析

1. 间接故意与间接实行犯的成立

间接实行犯的罪过形式包含的内容与直接实行犯不同,尤其体现在两者意识因素的不同。由于间接实行犯的行为包括两个行为,利用行为与间接行为,因而其意识因素中,应当包含对两者的认识以及对两者之间因果关系的认识。在间接实行犯中,其罪过形式应当体现为这样一种心理状态:利用者对自己的利用行为可能引起被利用者的行为,并进而引起犯罪结果此因果进程的认识和意志。在间接实行犯的认识因素中,虽然认识的程度可能影响利用者利用行为的力度,例如,对于利用他人杀人的情形,幕后人可能传授具体的方法,甚至授予杀人工具等;也可能仅仅是口头引诱、唆使。但不管幕后人具有何种程度的认识,也不管幕后人的利用行为对被利用者是否实施行为具有多大的影响力,幕后人对被利用者的行为以及犯罪结果的发生终归是抱着希望的态度。为此,笔者认为,间接实行犯的罪过形式原则上不能包含间接故意。

2. 过失与间接实行犯的成立

从前述理论概要可知,肯定过失可以成立间接实行犯者,大多以两个抽象的理论为论据,即"间接实行犯在主观上并无天然的限制",或者"只要承认过失正犯和故意正犯二元论的概念就应当肯定过失可以成立间接实行犯"。显然这种抽象不能说明问题,过失能否成立间接实行犯仍然应当从"过失"和"间接实行犯"两个概念本身的要求做分析。过失要求行为者对自己行为的因果进程具有"不认识"或者已认识但不希望发生的心理,而在间接实行犯中,抛开利用者其他一切主观心理,行为人至少具有"自己不亲自实施,让他人实施"的心理。既然行为人对自己"不亲自实施"具有认识,那么作为与"不亲自实施"等同的利用行为就不可能不具有认识,既然对利用

---

① 钱叶六:《评王某利用常某奸淫幼女一案——兼论间接实行犯若干法律问题》,载《中国刑事法杂志》2001年第3期,第108页。

② 宁东升、贾新征:《试论间接正犯的几个问题》,载《国家检察官学院学报》1999年第3期,第13页。

行为具有认识，就不可能对该行为的因果进程具有"不认识"，从而就不可能符合过失的概念要求。因此，笔者主张间接实行犯不能由过失构成。

　　综上所述，间接实行犯在实行的形态上与直接实行犯存在差别，不存在不作为的间接实行犯，过失的间接实行犯亦不存在，间接故意在通常情形下也不能成立间接实行犯。

第三章　间接实行犯的着手、终了及未遂

第一节　间接实行犯着手的理论

一、概　　述

传统的观点对于间接实行犯的正犯性采取非共犯性的理解方式,在这种思维下,间接实行犯的着手、终了及未遂均是极为困扰的问题,学者们甚至不得不对有关未完成形态的一般原理进行修正。而如前述,对间接实行犯的性质采用行为理论来证明,将被利用者的行为认定为实行行为,同时将利用行为认定为预备行为,则间接实行犯的着手、终了及未遂等问题,显然可以根据适用于直接实行犯的未完成形态理论来解决,而无须对其做特别的考察。但对理论界有关间接实行犯的着手、终了及未遂等观点进行分析,找出困扰学者的矛盾所在,对于本书的观点亦是有力的证明。

间接实行犯中存在利用行为和被利用者的行为,因而应当从哪里考察着手即是问题。概括德日刑法、我国台湾地区及大陆刑法理论,对于间接实行犯的着手,理论界及实务界主要存在三种观点:①利用行为说;②被利用者行为说;③区别说。

二、学说简介

(一)利用行为说

利用行为说是从利用行为中寻求间接实行犯的着手标准,该观点目前为日本理论界的通说,亦为台湾学界的主流思想,同时为德国部分学者所支持,而且也为我国学者所普遍接受。

一般认为利用行为说是基于主观主义的立场对着手问题进行的考察,

我国有学者甚至直接将其称为"主观说"。① 从主观主义的立场固然可以得出此结论,因为主观主义重视行为人主观上的危险行为,因而以征表行为人危险性格的意思为认定着手的标准,而间接实行犯中犯罪的意思显然存在于利用者之中,因而以其利用行为为认定着手的标准就是自然的结论。但是立足通说的构成要件理论,必须强调行为客观上的定型。② 由此可见,通说采用利用行为说并非立足主观主义的立场,而是从客观主义的角度进行的考察。但是,为何客观主义者亦主张利用行为说呢? 台湾学者甘添贵的观点可谓精辟,他认为,通说采用客观说,在间接实行犯的着手问题上,体现了规范主义的观点。③ 日本学者亦持该论,即主张坚持客观说中的规范主义的立场,从利用行为中寻求间接实行犯的着手。所谓的"规范主义",无非是对构成要件行为进行实质性的解释,即考察其是否具有法益侵害的现实危险性。立足规范主义的立场,由于利用行为具有侵害法益的现实危险性,从而为间接实行犯的实行行为,从而被利用者的行为只是利用行为的自然延伸。此外,我国学者从主客观一致的原则出发,也采用利用行为说,在具体的观点上与日本的学者未有不同,即将利用行为视为实行行为,同时将被利用者的行为视为利用行为自然的延长。

采用利用行为说,对于解决隔离犯问题以及利用凶恶的精神病人犯罪的场合可谓优越之极,它能有效将此类利用行为认定为犯罪。但是,它存在可能将着手提前的问题,因而对此通说,日本相当多的学者开始质疑,现将西原春夫对利用说的质疑概括如下:④

(1)在举动犯的场合,利用他人犯罪。例如,利用精神异常者侵入他人住宅,采用通说的标准,则将利用行为认定为着手。而事实上,举动犯的法益侵害包含在行为本身之中,与结果犯通过行为惹起法益侵害的结果不同。因而采用通说的观点,对举动犯与结果犯采用统一标准值得怀疑。

(2)利用有故意的工具的场合。例如,利用有故意无目的、有故意无身份的工具,利用有故意的帮助的工具,利用具有他罪的故意的工具的场合。由于在犯罪性质上,运用规范的障碍说来解释,被利用者实施行为的盖然性不高。

(3)利用过失的工具的场合,采用利用行为说也值得怀疑。

---

① 钱叶六:《间接正犯比较研究——兼论我国间接正犯的刑事立法与司法》,载《刑法问题与争鸣》总第 9 辑,第 266 页。

② [日]西原春夫:《犯罪实行行为论》,成文堂 1998 年版,第 235 页。

③ 甘添贵:《刑法之重要理念》,瑞兴图书出版社 1996 年版,第 195 页。

④ [日]西原春夫:《犯罪实行行为论》,成文堂 1998 年版,第 249—259 页。

(二)被利用者行为说

此为德国学界曾经的通说,亦为日本判例所采用,也为日本部分学者所支持,而且支持者正在增多。① 与利用行为说相对应,被利用者行为说被认为是基于客观主义的立场,但正如前文分析的利用行为说亦是基于客观主义的立场,因而利用行为说与被利用者行为说的对立,就不可谓是基于客观主义与主观主义的对立。事实上被利用者行为说与利用行为说均是基于客观主义的立场,从规范说的角度对间接实行犯的着手问题进行的考察。利用行为说认为利用行为具有实现犯罪的现实危险性,但是,被利用者的道具性有强弱之差,而从发生结果之"具体危险"的观点,常无法肯定利用者的诱致行为具有危险性,因而出现了被利用者行为说,因此该说被认为是对未遂论观点的再评价。② 由此可见,被利用者行为说与利用行为说均是实行行为本身的要求而为的理解,只是在利用行为是否具有侵害法益的现实危险性这一点上,两者持不同态度。

刑法理论界对于被利用者行为说的批判主要体现在两个问题上:①对于隔离犯的场合。例如,邮寄恐吓文件,则只能采用达到主义。②被利用者的行为并非利用者的行为,为何能将他人的外部态度认定为实行行为这一点存有疑问。③ 此外,我国学者根据我国刑法理论亦对被利用者行为说进行了如下批判:①根据主客观一致原则,利用无责任能力者固不待言,即使是利用有故意的工具也不具备实行行为的主客观特征。②以被利用者的行为为着手标准,势必将利用者的行为视为预备行为。如果构成预备犯,则比照既遂犯从轻、减轻或者免除处罚。但即使在教唆犯中,对于被教唆者没有犯被教唆的罪,对教唆犯也仅是可以从轻或者减轻处罚。由此可见从刑罚公平的角度,也不应当将被利用者的行为视为着手的标准。④ ③从逻辑上看,将被利用者的行为作为标准,会得出间接实行者的行为已经实施完毕,而犯罪仍为着手的不合理的结论。

(三)区 别 说

对于区别说,台湾学者亦称"个别化说",它存在两种具体观点:①以被利用者是否存在故意进行区分。如果可以肯定存在故意,则以被利用者的

① [日]大塚仁:《刑法概说·总论》(第三版),冯军译,中国人民大学出版社 2003 年版,第 155 页。

② [日]川端博:《刑法总论二十五讲》,余振华译,中国政法大学出版社 2003 年版,第 390 页。

③ [日]西原春夫:《犯罪实行行为论》,成文堂 1998 年版,第 239 页。

④ 林维:《间接正犯研究》,中国政法大学出版社 1998 年版,第 151-152 页。

行为为间接实行犯的着手标准,否则即以利用行为为标准。该观点在德国具有较大的影响力。②原则上以被利用者的行为为间接实行犯着手的标准,但采用不同的构成要件理论。该观点现在日本较流行,如西原春夫、川端博等均采用此观点。③原则上以被利用者行为为标准,但必须和利用行为有较密切的关联,即最早在间接正犯已完成利用行为,最晚在被利用者已开始实行犯罪行为。该观点目前为台湾学者所主张。

对于观点之一,以被利用者存在故意与否来认定间接实行犯着手问题,此观点的理论基础为德国学者所倡导的行为支配说。正犯的本质要素为"目的行为支配",在通常的间接正犯的场合,道具不存在行为支配,可以认为背后的利用者存在行为支配,而利用有故意的道具的场合,对于道具而言完全否定其行为支配而肯定背后利用者的行为支配则值得怀疑,从而利用者的行为具有法益侵害的现实危险性这一点就值得怀疑,为此危险迫切的实行着手的时间点,就只能从被利用者开始实施行为时来考察。① 这种观点在行为概念上可谓采用了目的行为论的观点。

对于观点之二,原则上以被利用者的行为为标准,但由于在构成理论上存在问题,因而论者采用不同的构成理论来进行修正,具体而言,在日本主要存在三种不同的构成理论:①将间接正犯视为作为与不作为的复合行为,而在不作为中寻求间接实行犯的着手。该观点为西原春夫等所主张。② 但是该说受到质疑,因为它在认定着手问题上标准不明确,而且将先行的犯罪行为作为义务来源也不科学。②将间接正犯的实行与着手相分离,着手是作为划定处罚阶段的概念,必须是该当行为具有发生结果的具体危险的场合,因而实行行为与着手时间不必要同时,而以被利用者行为为认定着手的标准。该说为川端博等所主张。③ 但是该说被认为是割裂了概念的统一性,因为着手是实行的着手,是实行行为的开始,因而两者不能分离。③将实行行为与着手时间不加分离,而将它们与未遂的概念相分离。从危险概念的角度看,为实行行为性以及着手奠定基础的,是法益侵害的一般的危险性,而为可罚的未遂奠定基础的却要求有具体的危险性。因而将利用行为认定着手和实行,而被利用者行为开始时才可能存在未遂。该说为高桥则夫等所主张。④

对于观点之三,原则上采用被利用者行为说,而将与被利用者行为有密切关系的利用行为也认定为着手,此为台湾部分学者所支持。该说是在批

① ［日］西原春夫:《犯罪实行行为论》,成文堂1998年版,第242页。
② ［日］黑木忍:《实行的着手》,信山社1998年版,第88页。
③ ［日］黑木忍:《实行的着手》,信山社1998年版,第88页。
④ 马克昌、莫洪宪《中日共同犯罪比较研究》,武汉大学出版社2003年版,第83页。

判通说——利用行为说的基础上提出的,以利用行为说为标准,会扩大实行行为的概念,且过早认定实行的着手时期,因而不妥。另外,利用行为本身,仅属定型的预备行为而已,而且利用行为说在解释有故意的道具及举动犯时,破绽频生。①

至于区别说,德国学者采用的以被利用者故意的有无为区分标准的学说,由于其立足犯罪支配理论,因而不能适用于我国刑法理论,日本刑法中的个别化说在我国学界均存在一定的影响,因而必须予以关注。

利用行为说、被利用者行为说、区别说可谓是间接实行犯着手问题上的三种主要学说,事实上有关间接实行犯的着手理论尚不限于此,由于影响较小,因而未予详论。例如,有学者认为由于利用者的诱致行为,被利用者萌生犯罪意图时,为间接实行犯的着手。② 又如,在日本除上述三种个别化的学说外,黑木忍在间接实行犯的着手问题上,以规范障碍说为理论基础,区分三种不同情况:①利用欠缺意思支配,欠缺构成要件行为,善意的不知情的工具,采用利用行为说;②利用过失,有故意的工具以及利用不同故意的工具,利用适法行为,采用被利用者行为说;③利用欠缺责任能力者,欠缺期待可能性者,依据其程度,可能成立共犯,可以成立正犯,成立共犯者以被利用者行为说为标准,而成立正犯者以利用行为说为标准。③

三、学说简评

利用行为说、被利用者行为说以及个别化说,三种学说各有优劣,在对具体问题的处理上,除了一些特殊情形,也不存在太大的差别,而且三者的理论出发点可谓一致,只是处理的观念不同。

1. 对具体问题的处理

三种学说在对具体问题上的处理不存在严重差别,采用利用行为说,其处罚范围不至于太大。因为主张利用行为说者意识到该说存在可能将着手提前的问题,因而采取了其他措施以弥补。例如,大塚仁教授可谓该说的支持者,但他将利用行为限定在符合"侵害法益的现实危险性的行为"之内,正如他坦言:"我认为诱致行为中包含着实现犯罪的现实危险性。换言之,如果不包含着这种危险性,就不能是间接正犯的诱致行为。"④通过对利用行为

---

① 甘添贵:《刑法之重要理念》,瑞兴图书出版社1996年版,第196页。
② 钱叶六:《间接正犯比较研究——兼论我国间接正犯的刑事立法与司法》,载《刑法问题与争鸣》总第9辑,第267页。
③ [日]黑木忍:《实行的着手》,信山社1998年版,第89—97页。
④ [日]大塚仁:《犯罪论的基本问题》,冯军译,中国政法大学出版社1993年版,第88页。

进行实质性的限制,从而消除利用行为说可能扩大处罚范围的弊端,观点可谓独特。采用被利用者行为说,一般情况下也不至于将处罚范围限定太小,因为在通常情况下,利用行为从纯客观的角度考察尚不具有产生法益侵害的危险。而采用区别说,无论是日本学界的各种区别说还是台湾学者的个别化说,其处罚的范围也主要限于被利用者实施了行为的间接实行犯的场合,只在仅少数情况下,才就利用行为进行处罚。因而采用何种学说,主要是理论问题。

　　三种学说对具体问题的处理产生严重分歧主要存在于一些特殊问题的领域。例如,隔离犯在被利用者尚未实施行为时,根据不同的学说可能得出不同的结论:采用利用行为说肯定其为着手且可罚,而采用被利用行为说则否定其为着手从而不可罚;采用台湾的个别化说肯定为着手且可罚,采用川端博的分离说不能认定其为着手因而不可罚,而采用高桥则夫的分离说则可以认定为着手但是不可罚。对此,可罚的观点显然更符合法感情,因而仅存在通说的利用行为说与台湾的个别化说。正是如此,除了日本判例,采用绝对的被利用者行为说的学说正在衰退,德国学界对该说态度的变化即是极强的证明。该说曾经在德国理论界位居通说,但目前,德国学界持区别说者在增多,而且持利用行为说者也不少。那么利用行为说与个别化说,何者更科学,在对具体问题的处理上显然无法看出其优劣,而必须通过对理论本身的审查来解决。

　2. 理论出发点及观念差别

　　利用行为说与被利用者行为说以及个别化说,在考察间接实行犯的着手问题上,理论出发点相同,观点的提出均是出于三方面的考虑:实行行为性、规范主义、预备犯问题。三种观点在间接实行犯的正犯性问题上均采用实行行为性的立场,由此可见前文所述学界有关间接实行犯的正犯性的各种理论,在论者看来都存在非共犯性的思维方式的弊端。无论其采用何种学说,在间接实行犯正犯性问题上,最终仍需立足规范主义的立场,坚持罪刑法定原则,以构成理论为核心。有关正犯性理论的各种立场,仅能为间接实行犯的实行行为性提供解释学上的参考。例如,日本相当多的学者即以规范的障碍说来解释着手的各种情形。同时,三种学说不仅坚持实行行为性的立场,而且在对实行行为进行解释时,均贯彻了规范主义的立场,均认为应当以行为是否具有现实的危险性作为着手的标准,也就是说在有关着手的理论上,均可谓坚持了实质客观说。此外,三种学说虽然内容不同,理论基础各异,但其宗旨均是为了合理划定间接实行犯的处罚范围,德日刑法均在原则上不处罚犯罪预备,因而认定间接实行犯的着手,解决的是预备与未遂的区分问题,实际则关系到处罚与不处罚的问题。

虽然三种学说在间接实行犯的正犯性问题上,均贯彻了实行行为性的立场,在对实行行为的理解上,均贯彻了规范主义的立场,而且均考虑到了合理划定惩罚范围的需要,但为何理论相差却甚悬,该问题值得思考。笔者认为,导致这种理论差别的根本问题在于以下三方面:①对被利用者的行为究竟该如何认识,是将其与利用者相结合进行考察,还是将其与被利用者相结合进行考察。利用行为说将其视为被利用者的行为,因而从形式客观说上将其排除在考察实行行为之外,从而批判被利用者行为说"将他人的外部态度视为自己的实行行为"。被利用者行为说将被利用者的行为和利用者相结合进行考察,但这种结合着眼规范意义,无法经受行为理论的检验,从而其对于利用行为说的批判无法提供有效的反对意见。②构成要件行为与实行行为问题。利用行为说坚持构成要件的形式,从而否定被利用者行为说,但大多数的利用行为的确不具有"侵害法益的现实危险",因而利用行为说是否符合定型说的要求,则值得怀疑。换言之,定型说是否仅考察构成要件的形式,其是否也包含对构成要件进行的实质性的考察。③预备行为中能否存在可罚的行为。利用行为说和被利用者行为说均坚持预备行为不可罚,因而对利用行为采取极端的做法,或者认为其为实行行为,从而可罚;或者认为其为预备行为,因而不可罚。而区别说对利用行为显然采取折中的方法,肯定利用行为中存在可罚的行为与不可罚的行为,因而事实上肯定预备行为中可以包含可罚的行为。概言之,由于学者对上述三个问题持不同看法,导致其虽然理论出发点相同、研究宗旨一样,但却对间接实行犯的着手处罚采取不同的标准。因此,通过对此类问题的具体分析,可以找到解决问题的处罚途径。

第二节　间接实行犯着手的认定

一、被利用者的行为的性质

如前述,可以根据行为理论解决间接行为的主体问题,对于一个外部态度,如果行为人具有意思支配可能性,并且此外部态度客观上由行为人的行为所引起,即可以将该行为视为行为人的行为,这样就可以将被利用者的行为视为利用者的行为,在此前提下再对该行为进行规范评价。换言之,通过行为理论,可以将"被利用者的行为"视为"利用者的行为"(简称"间接行为")。这样,考察利用者是否存在实行行为,实质上是必须考察利用者的利用行为与"间接行为"相比,何者更具有实行行为性。根据这种理论,就很容易得出间接行为具有实行行为性,而利用行为仅具有预备性质。

对被利用者的行为该如何认识?利用者行为说将其理解为利用行为的自然的因果关系的延长;被利用者行为说将其视为实行行为,为此遭到利用行为说致命的攻击——为何将他人的外部态度视为自己的实行行为。可见利用行为说是从行为理论的立场将该行为视为利用者的行为,而被利用者行为说是从规范主义的立场,将该行为视为被利用者的行为。问题不在于被利用者行为说采用规范主义的立场理解行为存在错误,而是不符合行为理论的"行为"怎能直接进入规范评价?因此目前的被利用者行为说忽略这一根本性的问题,自然无法应对利用行为说的批判。因此,遵循利用行为说的基本立场,首先对行为进行规范前的判断,这是正确的。但利用行为说将行为理论的功能局限在直接行为的范围内,静止地理解了"外部态度",将行为理论的功能扩张,运用因果关系的理论解决外部态度的主体归属性问题,从而在行为理论中解决"行为的间接性"的问题,这样就不存在"裸的行为"与规范行为之间的矛盾和脱节。关于行为的判断问题,笔者主张先事实判断,后规范判断。易言之,将被利用者的行为先以行为理论予以考察,然后进行规范主义的评价,能否较好地认识被利用者的行为归属及其性质问题。

需要注意的是,行为理论是解决行为的成立问题,它包含外部态度,但不包括外部态度的具体内容。比如说盗窃枪支弹药与盗窃财物的差别是规范判断的内容;它包含意思支配的可能性,但不包括意思的具体内容,即行为人是受何种意思支配而实施的,这是规范判断的问题;它包含行为人,但不包含行为人的资格问题。例如,身份的问题就不是行为概念所能含括的。

二、构成要件行为与实行行为

构成要件行为可分为基本构成要件行为和修正构成要件行为,根据通说的理论,在修正的构成要件中不存在实行行为,因而需要探讨的问题实质为:基本构成要件行为与实行行为的关系。由于通常的理论认为基本的构成要件行为与实行行为虽内涵不同,但外延一致。因此,本书既然将两者的关系作为问题提出,其研究要旨在于解决:基本构成要件行为与实行行为在外延上是否等同(下文将"基本构成要件行为"以"构成要件行为"代替)?

毫无疑问,实行行为应当而且在大多数情况下均为符合构成要件的行为,但是在具体情况下,可能存在实行行为突破构成要件限制的情形。例如,洛克法典抛弃了以实行行为的起点为核心的立法模式,将认定犯罪未遂的标准定义为"相称、明确的方式指向实施犯罪行为"。对此立法规定,学者认为:"当初做这样规定的立法者,就是认为部分实现构成要件行为之前的行为,也可能具有犯罪未遂的意义。"①同样,用于认定着手的开始理论也仅在单独作为犯中具有普适性,在不作为、间接实行犯及原因自由行为中,着手理论并非如开始理论那么简单。在不作为的情况下,应当进行变更或修正,而在间接实行犯和原因自由行为中,虽然开始理论本身能够适用,但其范围经常过度扩大,因而会导致对未遂处罚的限制完全相反的结果。②但这种"突破"和"过度扩大"并非对构成要件形式的否定,而只是对此形式的区分功能的否定。在罪刑法定原则下,构成要件行为必须获得支持。但是,正如从口袋中掏枪杀人的行为,什么阶段可以看做开始实施杀人行为的部分行为,在形式上难以认定,形式的判断基准来区分未遂和预备,实际上是不可能的。③而且,在实践中,形式的标准可能使得着手过于提前或者过于推后,有时候即使从法条的文理角度出发,基于生活用语来解释符合构成要件的行为,形式客观说也过于缩小了属于犯罪概念要素的行为的范围。④因此,即使要维护构成要件行为与实行行为外延上的统一性,也必须承认,实行行为是对构成要件行为所做实质的理解。

对于形式和实质的关系,大谷实教授的观点甚为精辟。他认为,某一行为是否构成犯罪,在对其进行是否应予以处罚这一实质性判断之前,首先应该优先考虑的是形式性判断,即该行为是否符合刑法所预先规定的命令、禁止性行为模式,只有在确定该行为是构成要件该当行为之后,才能再做实质性判断。否则,就有可能对即便不是刑法所预先规定的行为,但仍以该行为性质恶劣、应予以处罚为由而认定为犯罪。⑤该观点有助于理解构成要件行为和实行行为之间的关系。也就是说,对一种行为进行实行行为性的评价之前,该行为必须首先符合刑法分则规定。根据这种见解,在将利用行为评价为实质的实行行为之前,必须首先考虑其是否符合形式的构成要件行为的要求,如果连形式的构成要件都不具备,就谈不上实质的问题。而无论利用行为说还是被利用者行为说均认为大部分利用行为是不具有侵害法益危

① [意]帕多瓦尼:《意大利刑法原理》,陈忠林译,法律出版社1998年版,第300页。
② [德]耶塞克、魏根特:《德国刑法教科书》(总论),许久生译,中国法制出版社2001年版,第624页。
③ [日]大谷实:《刑法总论》,黎宏译,法律出版社2003年版,第276页。
④ 张明楷:《刑法的基本立场》,中国法制出版社2002年版,第219页。
⑤ [日]大谷实:《日本刑法中正犯与共犯的区别——与中国刑法中的"共同犯罪"相比照》,王昭武译,载《法学评论》2002年第6期,第114页。

险的,因而立法者不可能将少数的情形在立法上规定为行为类型,因而该行为本身就不具备构成要件的形式,从而应当排除在实行行为性的考察之外。

如何理解实质的实行行为? 德日刑法理论界存在主观说、客观说和折中说,不同的学说的对立源于主观主义与客观主义立场上的不同。在现代刑法理论中,虽然主观主义与客观主义的对立不甚明显,但依然受着行为无价值与结果无价值两种不同违法观的影响,因而观点分歧也就不难理解。对此三种学说,多数学者认为折中说的立场可取,尤其以其中的"个别化的折中说"的观点更具有科学性。将未遂犯理解为具体危险犯,因而实质的实行行为自然也是从危险的概念出发而做的理解。实质是指从犯罪的本质理解实行行为,即采取法益侵害说的见解,因此将实质的实行行为解释成"侵害法益的现实(具体)危险的行为"。① 如何判定这种现实危险,对此存在两个具体标准:①科学法则上的迫切危险;②行为时一般人所感觉到的现实危险。大谷实教授认为,应当根据科学上的法则来严密认定"危险",但是,危险的有无,最终还是应当据一般人对客观危险的恐惧感来判定。②

通过对构成要件行为与实行行为的分析,笔者认为,如果利用行为不具有构成要件的形式,因而不具有评价为实行行为的可能性。在有关行为的实行行为性的考察问题上,应当采取先形式、后实质的判断标准。从而间接实行犯的着手只可能存在于"间接行为"中。

三、预备犯的问题

由于学者对被利用者的行为的评价的偏差,以及对实行行为的形式与实质的不同理解,导致学界在间接实行犯的着手问题上分歧甚大。除此以外,德日刑法不处罚犯罪预备的立法现实亦加重了这一问题的复杂性。

为了解决这一问题,日本理论界出现了各种修正理论,如前所述的着手与实行的分离、着手、实行与未遂的分离等个别化说。但这种分离学说严重破坏了理论的统一性,而且将着手与实行分离,丧失了着手问题的研究价值,这样,解决了间接实行犯的着手问题也就无意义。因此,笔者认为不管出于何种理由,采用分离术均不可取。

在间接实行犯的着手问题上,与日本学界采用利用行为说不同,台湾学界采用的是个别化说,在被利用者行为中寻找间接实行犯的着手,同时将与

---

① [日]大谷实:《刑法总论》,黎宏译,中国法律出版社2003年版,第104页;野村稔:《刑法总论》,全理其、何力译,法律出版社2001年,第335页。
② [日]大谷实:《刑法总论》,黎宏译,法律出版社2003年版,第105页。

该行为有密接关系的利用行为也认定为着手。这一方面坚持了理论的统一性,另一方面又符合实行行为的一般理论,而且也不至于放纵犯罪。因而笔者认为这种个别化说比较可取。

我国刑法处罚犯罪预备,诚如前文分析,将利用行为认定为预备行为,不存在放纵犯罪的问题,因而可以将间接行为视为间接实行犯的实行,并从中认定着手问题。而且根据实行行为的理论,具体的利用行为如果与间接行为有密接关系,也可能被认定为着手,这样同时又贯彻了罪刑相适用原则。因此,对于间接实行犯的着手,笔者的结论与台湾学界的个别化说相同,但理论基础截然相异,笔者是以行为理论与实行行为理论为论证基础。

需要一提的是,我国学者在着手问题上采用利用行为说,其理论出发点在于将间接实行犯的行为视为作为与不作为的复合行为。① 间接实行犯为复合行为的提法源自日本理论界,著名刑法学家西原春夫即极力支持该论,但是西原春夫本人却在不作为中寻求间接实行犯的着手,即在被利用者的行为中认定着手问题,因而我国学者采用了同样的理论,却得出了相反的结论。犯罪行为不可能作为先行行为而产生作为义务,因此,不能将被利用者的行为认定为不作为,从而不能将间接实行犯视为复合行为犯。

第三节　间接实行犯的未遂

一、间接实行犯行为的终了

对行为终了进行研究,其意义显然与研究着手不同,研究后者意在解决犯罪的未遂问题,而研究前者对于行为犯还是结果犯的既遂问题至为重要。围绕间接实行犯的终了问题,与着手理论同样复杂,但由于其与间接实行犯的实行紧密关联,因而解决了实行的问题,解决行为终了问题也就相对容易了。与间接实行犯的着手理论相对应,理论界对间接实行犯行为的终了存在两种不同见解:①利用行为说;②被利用者行为说。

通说对间接实行犯的着手采用利用行为说,持该种见解,为了维持理论上的一致,自然将利用行为的终了视为实行的终了。例如,基于规范主义的立场,既然以利用人的利用行为作为间接正犯的实行行为,则其终了时期自

---

① 钱叶六:《间接正犯比较研究》,载《刑法问题与争鸣》总第 9 辑;宁东升、贾新征:《试论间接正犯的几个问题》,载《国家检察官学院学报》1999 年第 3 期。

应以利用行为的终了为准较为合理。① 既然在利用者行为终了时,即认定实
行的终了,从而此种见解只得将被利用者的行为认定为自然的因果过程。
被利用者的举动只为自然进行的中间现象,其进行的速度及阶段如何,与利
用者实行行为并无关系。② 当然,在德国也存在一种相反的观点,即对于着
手问题采用利用行为说,同时对于终了问题,却采用被利用者行为说。③ 如
果对间接实行犯的着手问题采用被利用者行为说者,在行为的终了问题上
自然亦是以被利用者行为的终了为实行的终了。例如,日本判例即持此见
解。因而对于这种坚持理论贯通性的观点,笔者无法进行评价,至于其是否
可取,则在前文着手的问题中已做研究。

我国学界对间接实行犯的着手与终了的认定与上述观点不同,我国学
者大多在利用行为中寻求间接实行行为的着手,而在被利用者的行为中寻
求间接实行的终了。④ 换言之,将利用行为视为间接实行犯的实行行为,同
时将被利用者的行为视为实行的终了。例如,利用行为是实行行为的延伸,
对背后的利用者而言,它具有实行行为的主客观特征;没有被利用者的中介
行为,间接实行犯的犯罪行为也就无法完成,从而应将被利用者的行为终了
视为间接实行犯的终了。⑤ 论者为何以利用行为说为着手标准,而以被利用
者行为说为终了标准,在于其采用复合行为的观点,将利用行为与被利用者
的行为均视为间接实行犯的实行行为,因而在前者中寻求实行的着手,而在
后者中寻求行为的终了。但这种观点显然与其在证明利用行为具有实行行
为性时,将被利用者的行为视为因果关系的延长的观点相矛盾,从而该观点
欠缺理论上的一致性。

因此,笔者将被利用者的行为(间接行为)认定为间接实行犯的实行行
为,同时在后者中寻求间接实行犯的着手与终了,这与笔者将利用行为认定
为预备行为的观点相一致。

二、间接实行犯的未遂

间接实行犯的未遂,在间接实行犯的理论体系中,并非一个特别问题,

① 甘添贵:《刑法之重要理念》,瑞兴图书出版社 1985 年版,第 196 页。
② 韩忠谟:《刑法原理》,中国政法大学出版社 2002 年版,第 85 页。
③ [日]西原春夫:《犯罪实行行为论》,成文堂 1998 年版,第 234 页。
④ 林维:《间接正犯研究》,中国政法大学出版社 1998 年版;钱叶六:《间接正犯比较研究》,载
《刑法问题与争鸣》总第 9 辑。
⑤ 钱叶六、何锋:《间接实行犯认定中的疑难问题探讨》,载《云南大学学报法学版》2004 年第 2
期,第 28 页。

因而有关论述并不多见。在此需要注意的是,我国学者在间接实行犯的未遂问题上,存在一种错误认识,认为间接实行犯行为的终了即可以成立犯罪既遂。例如,有学者认为,被利用者的实行行为的完成,也就意味着间接实行犯的既遂。①事实上,间接实行犯的既遂必须根据具体的犯罪构成来认定。例如,在结果犯中,即使被利用者的行为实施终了,如果结果未发生,利用者也只能成立未遂。如杀人罪,被利用者实施了杀人行为以为已将人杀死而离去,事实上人并未死亡,对此情形,依据我国部分学者的理解,就该认定为既遂,而这是不妥当的。

由上可知,间接行为的终了并非间接实行犯的既遂。因而关于间接实行犯未遂问题,需要根据具体的犯罪构成来认定。我国有学者认为间接实行犯的未遂存在两种形式:①利用行为已经实施完毕,被利用者由于某种主观或客观原因没按利用者的意图去做;②间接正犯利用行为实施完毕,被利用者开始实施危害行为,但由于间接正犯意志以外的原因,该故意犯罪未达既遂状态。②笔者认为这种概括比较合理,但这只是形式上的概括,在认定间接实行犯的未遂问题时,必须结合行为的具体情况进行分析,坚持间接实行犯着手的基本理论。对于第一种未遂的形式,在认定时,必须考虑"完毕的利用行为"必须是基于与实行行为有"密切相关"才认定为已经着手,从而产生未遂的问题;第二种未遂行为也必须考虑其已经达到了具有"侵犯法益的现实危险"时才可能存在着手和未遂。需要一提的,从我国学者对间接实行犯的未遂的理解上,可以明显发现,论者事实上将利用行为已经排除在实行行为之外,否则利用行为未实施完毕也应当存在犯罪未遂问题。可见理论界对间接实行犯的利用行为的性质的理解与其对未遂的认识存在矛盾。

最后,对间接实行犯的未遂如何处罚?间接实行犯是基本的犯罪构成,从而应直接适用刑法分则的规定。因而对于间接实行犯的未遂,笔者认为可以根据我国刑法第23条对未遂犯的规定和刑法分则的规定进行裁量,但是一般情况下不宜减轻处罚。

另外,我国刑法处罚预备犯,因而在间接实行犯成为预备犯时,应考虑如何适用刑事责任的问题。间接实行犯的预备犯是指间接实行犯仅实施利用行为,由于意志以外的原因尚未着手实现犯罪的情形。我国刑法未规定

---

① 钱叶六、何锋:《间接实行犯认定中的疑难问题探讨》,载《云南大学学报法学版》2004年第2期,第28页。

② 宁东升、贾新征:《试论间接正犯的几个问题》,载《国家检察官学院学报》1999年第3期,第16页;钱叶六:《间接正犯比较研究》,载《刑法问题争鸣与探索》总第9辑,第269页。

间接实行犯，如果根据间接实行犯符合基本犯罪构成的观点，对于间接实行犯的预备犯可以适用我国刑法第 22 条的规定，从轻、减轻或免除处罚，但一般情形下不宜免除处罚。

　　间接实行犯的社会危害性通常较直接实行犯更严重，因而有必要单独立法，在预备犯及未遂犯的刑事责任上，将其与直接实行犯区分开来。

第四章　间接实行犯的存在范围

第一节　间接实行犯存在范围上的分类

一、概　　述

对于间接实行犯的存在范围,理论界存在不同表述,如间接实行犯的类型研究、间接实行犯的表现形式、间接实行犯的存在范围等。笔者认为"间接实行犯的存在范围"这一术语能较好地体现间接实行犯与直接实行犯及共犯之间的关系,因而本书采用该术语展开相关问题的研究。

间接实行犯的存在范围有多广,直接受制于间接实行犯的正犯性理论,因而根据本书实行行为性的立场,研究间接实行犯的存在范围就必须坚持超越意思支配理论,结合间接行为的成立条件进行判断。而且,合理界定间接实行犯的存在范围,对于后文有关间接实行犯的认定问题大有裨益。因此,无论从逻辑上还是内容上,间接实行犯的存在范围对于间接实行犯理论体系而言均极其重要。

理论概述是要解决间接实行犯的存在范围在论述上应如何分类,在具体确定其存在问题时,应持何种判断标准。理论界关于间接实行犯的存在范围并不确定,而且即使确定,各存在形式之间的关系也不紧密。换言之,间接实行犯的存在范围并不具有明显的规律性,因而如何分类,从而在各类别下进行具体问题的研究就比较重要。

间接实行犯的存在范围应如何分类?对此,学界的观点颇不一致,有依司法实务运作时所出现之案例而为列举说明者,亦有依学者所普遍承认的情形而分别列举者,更有依犯罪成立要件所架构之理论体系而为概括叙述者。因所依据的标准不同,致间接正犯之成立形态多寡不一,先后次序亦颇有参差。①

二、列 举 法

列举法至少存在七种不同的观点：

(1)观点之一：①未达法定刑事责任年龄者；②精神病者；③通过他人不可抗力或者意外事件；④通过他人合法行为；⑤通过他人过失行为；⑥通过杀害他人；⑦通过他人自杀行为；⑧通过有行为故意的工具。

(2)观点之二：①利用无刑事责任能力人，包括利用未达刑事责任年龄者，利用精神病人；②利用无犯罪故意人，包括利用无罪过行为，利用他人的过失行为；③利用他人的正当行为；④利用有故意的工具。

(3)观点之三：①利用完全缺乏辨别是非能力者；②利用非行为的他人行为的他人身体；③利用缺乏犯罪构成要件故意的他人；④利用实施排除社会危害行为的被利用者。

(4)观点之四：①利用无责任能力者；②利用缺乏构成要件的故意；③利用有故意的工具；④利用适法行为；⑤利用非刑法上的行为。

(5)观点之五：①利用完全不具有过失之行为；②利用具有过失之行为；③虽然对特定的犯罪无故意，但对其他犯罪有故意之行为。

(6)观点之六：①利用刑事法上无行为能力者；②利用无故意者；③利用适法行为者；④利用无责任性者；⑤利用有故意之工具者。

(7)观点之七：①利用完全欠缺刑法上行为能力及责任能力者；②利用他人的无过失行为；③利用他人的合法行为。②

三、体系分类法

体系分类法是采用犯罪成立要件的理论架构来进行分类，它存在四分法和三分法的差别，四分法将间接实行犯的存在分为：①被利用者之举动不属于刑法上的行为时；②被利用者之行为欠缺构成要件该当性时；③被利用者之行为欠缺违法性时；④被利用者之行为欠缺有责性时。③ 而采用三分法则为：①被利用者欠缺构成要件符合性；②被利用者欠缺违法性；③被利用者欠缺有责性。

三分法与四分法差别在于，是否将"被利用者之举动不属于刑法上的行

①　甘添贵：《刑法之重要理念》，瑞兴图书出版社1996年版，第180页。
②　[日]野村稔：《刑法总论》，全理其、何力译，法律出版社2001年版，第413—415页。
③　甘添贵：《刑法之重要理念》，瑞兴图书出版社1996年版，第180—193页。

为"作为间接实行犯的存在形式之一,但不管是否在体系分类法中明确表明,在具体的论述中均将利用他人"反射运动",甚至他人"强制动作"作为成立的情形之一。因此,在实质上两者并无根本差别,之所以在形式上表现不同,根源于两者建立在不同的犯罪论体系基础上,即是否将行为作为犯罪成立单独的条件之一。

这种体系分类法显然迎合了德日刑法的犯罪论体系,而且与其对间接实行犯的正犯性采取"非共犯性"的思维方式相一致。因此,根据本书贯彻间接实行犯实行行为性的立场,同时根据我国的犯罪论体系,这种体系分类法不适用于我国的间接实行犯理论,因而在分类方法上具体列举法更为可取。

四、结　　论

笔者认为,既然以行为理论来解决间接实行犯的正犯性问题,并在此基础上进行间接实行犯的着手、实行、终了、未遂等问题的探讨,那么在间接实行犯存在范围上,也必须贯彻这一理论,应该将利用非刑法中的行为作为一个独立类别,在被利用者的行为符合刑法中的行为概念时,再考虑其是否成立犯罪的问题。为此,可以将间接实行犯的存在范围分四方面进行论述:①利用不具有意思支配可能性的行为;②利用不具有犯罪意思的行为;③利用过失的犯罪行为;④利用故意的犯罪行为。

第二节　利用不具有意志支配可能性的行为

一、利用反射动作

反射运动,是指不是由人的意识可能支配的动作,它具体包括以下情形:①物理的反射运动,例如,被人撞倒而毁损第三人之物;②生理的反射运动,例如,睡眠中的梦话或行动;③生理疾病的反射运动,如癫痫发作、梦游病、酩酊或病的朦胧状态中的行为。[①]

德日刑法理论的通说认为,利用反射运动的行为可以成立间接实行犯。但是也存在否定的观点,认为该情形下以直接实行犯处理即可,如弗兰克、

---

① 甘添贵:《刑法之重要理念》,瑞兴图书出版社 1996 年版,第 181 页。

麦兹格、大塚仁、韩忠谟、洪福增等持此见解。[①]但多数学者认为宜将利用"人"的场合，广而言之，称"间接实行犯"，如西原春夫等。对此，我国学界论述甚少，多数学者仅考虑利用他人被强制的行为的情形。

利用他人反射运动的情形是否成立间接实行犯？笔者认为，根据间接实行犯成立的基本理论，在客观上，被利用者的行为必须由利用者所引起，而且两者之间必须存在因果关系，主观上，幕后人必须具有超越行为人的意思支配。据此，利用他人反射运动，幕后人具有犯罪的意思，而被利用者不具有意思支配可能性，显然前者具有超越后者的意思，因而具备间接实行犯成立的主观条件。在客观上，幕后人的行为引起了行为人的犯罪行为，因而两者之间存在没有前者就没有后者的关系。根据主客观一致的原理，笔者认为利用反射运动的行为可以成立间接实行犯。

二、利用强制动作

强制的动作包括身体受强制的动作和意志受强制的动作。利用他人被强制的动作能否成立间接实行犯？对此，我国学界存在两种见解：①利用身体的强制可以成立间接实行犯，而利用精神的强制则只可能成立共犯。例如，如果是肉体上的绝对限制，强迫者构成间接实行犯；精神强制，被强制者构成胁从犯，他与强制者构成共同犯罪。[②] ②不区分身体的强制与意志的强制，而认为只要被强制者丧失意志自由，利用该种行为就可以成立间接实行犯。例如，一般情况下，达到一定年龄、精神状况良好者都具有认识和控制能力，但在暴力强制下，正常人也会失去意志自由，犯罪者往往利用这种情况实施犯罪。[③] 例如，我国学者设例，丈夫甲外出归来，发现妻子乙怀里正躺一熟睡男子丙，甲便用刀对准妻子乙威胁说："你杀了他，否则我宰了你。"妻子乙害怕自己被杀，便用绳子将丙勒死。[④] 论者认为，该情形下甲成立杀人罪的间接实行犯，乙不成立犯罪。上述两种观点均肯定在被利用者身体受强制的场合，可以成立间接实行犯，而在被利用者的精神完全受强制的场合，也可以肯定间接实行犯。两者的差别在于，意志受强制者是否完全丧失意志自由？对此，观点之一持否定态度，而观点之二却持保留意见，从而前者主张被利用者意志受强制的场合可以成立间接实行犯，而后者主张该场合下利用者可以成立间接实行犯，但也可以成立共犯。

---

① 林维：《间接正犯研究》，中国政法大学出版社 1998 年版，第 86 页。
② 林维：《间接正犯研究》，中国政法大学出版社 1998 年版，第 88 页。
③ 贾新征：《试论间接正犯存在的类型》，载《商丘师专学报》2000 年第 1 期，第 30 页。
④ 贾新征：《试论间接正犯存在的类型》，载《商丘师专学报》2000 年第 1 期，第 30 页。

德国和台湾的判例均肯定利用强制的动作可以成立间接实行犯。例如,德国联邦法院判决的以武器迫使某人开车轧死他人未遂案。① 在理论界,与上述利用反射动作的情形相同,除了少数学者将其认定为直接实行犯外,大多学者认为宜以间接实行犯处理。对于意志的强制是否要求完全受压抑,日本学者的态度不明显,而台湾学者则强调意志的强制是"意志完全受压抑"的情形。②

笔者认为,利用身体受强制的行为与前述利用反射动作的行为相似,利用人对于被利用者均存在超越意思支配,从而可以成立间接实行犯。至于利用精神受强制的工具的场合,则应当考虑一个人的意志能否完全受他人控制的问题。德国学者耶塞克将利用精神被强制的情形直接称呼为利用"不自由的工具",并认为利用者可以成立间接正犯,而被利用者可以成立紧急避险。③

由此可见,德国学者实则是承认精神被强制者可以存在意志自由,而且根据犯罪支配说的观点,在该情形下犯罪也是受着利用人的操纵,因而利用人也可以成立间接实行犯。对此,笔者认为,人的精神不能完全受强制,而且利用精神被强制的情形,对于利用者不能以间接实行犯处理,而应将其认定为共犯。

以上文我国学者的设例来说明:丈夫甲外出归来,发现妻子乙怀里正躺一熟睡男子丙,甲便用刀对准妻子乙威胁说:"你杀了他,否则我宰了你。"妻子乙害怕自己被杀,便用绳子将丙勒死。对于此案,论者认为乙完全不具有意思自由,笔者不同意该观点。在一般情形,人的行为均是基于一定的心理活动而产生,而心理活动的内容是对客观环境的认识、权衡利弊之后做出的决定,虽然对客观环境的认识程度有高低,从而在同样的情形下,不同的人做出的决定,其合理性程度有差异,但只是程度上的差别,行为人有认识是一定的。在有认识的基础上,行为人结合自己的生活经验或者其他方面的考虑,对客观环境做出消极顺应、积极面对以及如何面对等选择,虽然不同的意思决定将导致不同的行为,但意思决定是一定存在的。例如,在此案中,不管乙的知识、能力如何,其认识到自己的生命存在危险,丙的生命也存在危险,这种认识一定存在,在生命关头,乙会如何选择? 她可能会就自己与甲的关系、甲的性格以及与丙的感情等进行权衡,自己被杀会如何,杀丙

---

① [德]耶塞克、魏根特:《德国刑法教科书》,徐久生译,中国法制出版社2001年版,第810页。
② 甘添贵:《刑法之重要理念》,瑞兴图书出版1996年版,第181页。
③ [德]耶塞克、魏根特:《德国刑法教科书》,徐久生译,中国法制出版社2001年版,第809页。

会如何,最后决定是将丙唤醒,还是和甲搏斗,还是由甲杀死自己,还是自己杀死丙等,而在此案中,乙害怕自己被杀最终选择了杀死丙。

由此可见,选择杀丙是乙基于自己的认识和决定而做出的行为,她是可以做出其他选择的,但她做出了杀人的选择,为此法律就要加以评价,可以要求乙对丙的死亡负责。当然,在此情形下,乙做出任何一种选择,都可能损害法律赋予她的合法利益,因而法律对其选择的杀人行为在评价上应有别于通常的杀人的行为,从而在量刑上将其区别开来。事实上,在法律看来,一个能认识客观环境的人,就可以对其行为做出选择,因而即使在紧急情形下,法律也要求行为人权衡利弊,做出合理的选择,为此对于紧急避险的认定,法律要求必须进行法益衡量。行为人可以选择,一般是以存在多种选择为前提,从而该行为具有评价为犯罪的可能,但在自然力支配下,也可能只存在一种选择。例如,不可抗力,对于此仅具有一种选择可能的行为,法律将其评价为非犯罪。对于不可抗力,前述有学者认为它是刑法中的行为,同时也是不具有意志支配可能性的行为,从而对行为采用有意行为论不妥。笔者不同意此观点,不可抗力与反射动作这类不具有意志支配可能性的行为不同,在前者中,行为人有认识,由于自然力的支配,行为人在只存在一种选择可能的前提下,选择“具有社会危害性行为”,该行为依然是行为人选择的结果,因而符合行为人的意志,因而不可抗力是刑法中的行为,法律对此予以了评价,认为其不成立犯罪;而在后者中,行为人对具体的行为无认识,其意志本身都不存在,因而不发生规范评价的问题,为此这类行为不是刑法中的行为。有意行为说将不具有意志支配可能性的行为排除在刑法评价之外,不具有意志支配可能性,是指无认识,意志无法到达的情形。因此,根据有意行为说,不可抗力也是刑法中的行为,只是刑法将其评价为非犯罪。人的意志仅在自然力的作用下存在一种选择,为此,外人的意志不可能使其意志出现山穷水尽的情形。为此,对于意志被强制的行为,不能将其与不可抗力等同,而评价为非犯罪,必须考虑其是否构成犯罪。正如台湾学者所说的,人不能让他人代替自己的意志。①

正是如此,笔者认为,间接实行犯不是直接支配他人的意志,而是干预他人的认识,从而影响其意志,使行为人的行为朝着幕后人的意志的方向发展,这就是超越意思支配理论。为此,台湾学者以“人不能让他人代替自己的意志”为由,否定间接实行犯概念存在的必要性,也是不妥的。那么,根据超越意思支配理论,对于此案,甲并未干预乙的认识,乙基于自己的认识和

---

① 黄常仁:《刑罚的极限》,元照出版公司1999年版,第284—287页。

意志,做出了杀人的选择,可谓具有杀人的故意,此案中的幕后人(甲)即不能成立间接实行犯,甲与乙应构成共同犯罪。概言之,利用精神被强制的工具,幕后人不能成立间接实行犯,而为共犯。

三、利用他人的自杀行为

我国不少学者主张,利用他人的自杀行为可以成立间接实行犯。例如,有学者认为,教唆帮助无责任能力者自杀,等于将被害人作为杀人工具加以利用,构成故意杀人罪的间接实行犯。[①] 又如,教唆帮助无责任能力者自杀,背后者并未直接实施故意杀人罪的犯罪构成,即剥夺他人生命行为,不能认为是直接实行犯,此种情形,实际上借被害人之手杀死被害人。[②] 此外还有学者认为,自害主体为14周岁以下或者心神丧失者且在胁迫或者强逼状态下自害的;或者使用欺骗手段致其自害,且自害违背其本意的,可以成立间接实行犯。[③] 台湾亦有学者认为利用他人自杀行为可以成立间接实行犯,并且以判例为根据,"……被教唆之人自杀,系受教唆人之威胁所致,并非由于自由考虑之结果,即与教唆他人自杀之情形不同,其教唆者自应以自杀罪处理"[④]。同时台湾学者将这种利用他人自杀的行为归属于利用非刑法中的行为中进行论述。德国判例和学界也肯定某人在非常强大的影响下自杀或自伤,可以认为是缺乏构成要件的行为工具。[⑤] 可见德国学界将该情形视为利用缺乏构成要件的行为工具。在日本,也存在肯定利用他人自杀行为可以成立杀人罪的判例。例如,间接正犯利用被害人的动机错误,使袒露了心迹的被害人误信行为人也会随之自杀而自杀的,判例对此并非认定为自杀参与罪,而是认为构成杀人罪(最判1985年11月21日刑集12卷15号3519页)。[⑥]

对于利用他人自杀行为成立间接实行犯的观点,理论界持反对论者并不多见,但我国有学者认为此情形下,对幕后人应当以直接实行犯处理。[⑦]笔者认为,对于强制或威胁他人自杀的情形,与前文利用被强制的行为没有不同,即如果"他人"身体被强制,则他人不存在意志自由,其行为为非刑法中的行为,对于幕后人而言,可以存在超越意思支配,从而可以成立间接实

① 张绍谦:《略论教唆、帮助他人自杀行为的定性及处理》,载《法学评论》1993年第3期,第33页。
② 高铭暄:《中国刑法学》,中国人民大学出版社1989年版,第447页。
③ 林维:《间接正犯研究》,中国政法大学出版社2002年版,第111—113页。
④ 甘添贵:《刑法之重要理念》,瑞兴图书出版社1996年版,第182页。
⑤ [德]耶塞克、魏根特:《德国刑法教科书》,徐久生译,中国法制出版社2001年版,第804页。
⑥ 马克昌、莫洪宪:《中日共同犯罪比较研究》,武汉大学出版社2003年版,第77页。
⑦ 陈兴良、曲新久、顾永忠:《案例刑法总论·下卷》,中国政法大学出版社1994年版,第183页。

行犯。而如果"他人"精神被强制,则必须结合"他人"的状况进行分析,如果该他人无辨认能力,如为未成年,幕后人采用欺骗等手段使其自杀,对于幕后人而言,可谓存在超越的意思支配,因而可以成立间接实行犯,而如果该他人具有正常的辨认能力,那么行为人的自杀行为则是基于自己的认识和意志而产生,因而对于幕后人,则不能成立间接实行犯,其行为具有教唆自杀或帮助自杀的性质。

第三节　利用不具有犯罪意思的行为

不具有犯罪意思的行为,是指该行为符合刑法中的行为概念的要求,但行为人不具有犯罪的意思,从而不构成犯罪。

一、利用不具有刑事责任能力者的行为

(一)利用精神病人的行为

我国理论界的通说认为,利用完全不具有辨认能力和控制能力的精神病人犯罪,利用者可以成立间接实行犯。对此,德日学者亦普遍持肯定态度,只是有学者认为,在此情形下,可将幕后人作为直接实行犯处理。

笔者认为,利用完全不具有控制能力的精神病人犯罪,被利用者不可能产生犯罪的意思,因而利用者可谓具有超越的意思,而且该场合下,间接行为的成立也不存在障碍,因而不宜以直接实行犯处理,而应将利用人认定为间接实行犯。

(二)利用未达刑事责任年龄者的行为

根据年龄对于刑事责任的意义,一般认为,未达到刑事责任年龄者即为不具有刑事责任能力者,从而根据传统的思考,将间接实行犯作为一个弥补的概念,如果采用共犯极端从属形式,利用不具有刑事责任能力者实施犯罪,幕后人可以成立间接实行犯,而采用限制从属形式,则幕后人只能成立教唆犯。对于共犯从属理论,德国立法和理论采用极端从属性说,日本判例及台湾的学术界亦采用该说。日本学术界则倾向于限制从属性说。但正如前文所言,德国、日本及台湾地区的学者,并未严格依据共犯理论阐述间接实行犯成立与否的问题,而是以其正犯性理论为考察根据,其中德国主要采用犯罪支配理论,而日本采用规范的障碍说的逐渐增多,台湾多数学者采用了德国的犯罪支配说。为此,在利用未达到刑事责任年龄者的行为,是否成

立间接实行犯的问题上，日本刑法存在二元论的观点，即对于利用未达到刑事责任年龄，而且事实上亦无刑事责任能力者实施犯罪，皆肯定幕后人可以成立间接实行犯，且认为该情形下的间接实行犯与利用"死的工具"也没什么不同；而对于利用未达到刑事责任年龄，但事实上具有刑事责任能力者的行为，是否可以成立间接实行犯，却存在争议，争议的观点如下：

利用已经达到与成年人同样的成熟程度的未成年人犯罪是否成立间接实行犯？对此，日本实务界逐渐持否定说，而根据实务界采用共犯极端从属理论的观点，对此情形，判例本该持肯定说。对于司法界的这种态度，日本学界存在不同评价，有学者认为，这体现了司法界对间接实行犯的成立采取了实质性的考察标准。① 另有学者认为，这体现了判例向共犯限制从属性理论倾斜。② 在日本和台湾学术界，持否定见解的学者亦日益增多，如小野清一郎、团藤重光、大塚仁、增根威彦等均持该说。例如，野村稔认为，"既然刑事未成年人实质上具有责任能力，那么对他的利用便不是间接正犯，而是教唆犯"③。

与此同时，在德国学界，肯定的观点却较有力。例如，如果该无责任能力的幕前人事实上能够认识其行为的不法性并按规范行动的，同样为间接正犯。④ 此外，日本学界也存在肯定说。例如，西原春夫认为，采取否定说的观点有害法律的均一性，无责任能力者的行为不受处罚，所以利用该行为的实际形态便是自我行为，而不是共犯所能包含的。⑤ 但对此观点，有学者予以了批判，认为将刑事未成年人作为均一的无刑事责任能力者对待，只有在刑事未成年人单独实行犯罪时，才能得到承认，不应该将这点扩大到承认有责任能力者利用他去犯罪的地步，只有利用实质上的不构成规范的障碍的人的行为才应该将其考虑为自我行为。⑥ 可见这种批判观点实质上是支持否定说。

至于我国，由于立法未规定间接实行犯，因而利用未达到刑事责任年龄者实施犯罪，应当做何处理，其争议主要是围绕我国刑法第29条第2款的规定进行，即该情形下能否适用该款法律规定而成立教唆犯，因而与日本及台

---

① 马克昌、莫洪宪：《中日共同犯罪比较研究》，武汉大学出版社2003年版，第78页。
② ［日］大谷实：《刑法总论》，黎宏译，中国法律出版社2003年版，第306页；［日］野村稔：《刑法总论》，全理其、何力译，法律出版社2001年版，第391页。
③ ［日］野村稔：《刑法总论》，全理其、何力译，法律出版社2001年版，第413页。
④ ［德］耶塞克、魏根特：《德国刑法教科书》，徐久生译，中国法制出版社2001年版，第808页。
⑤ ［日］野村稔：《刑法总论》，全理其、何力译，法律出版社2001年版，第413页。
⑥ ［日］野村稔：《刑法总论》，全理其、何力译，法律出版社2001年版，第413页。

湾学界围绕年龄与刑事责任能力的关系而展开的讨论不同。我国有学者认为,教唆未满 14 周岁的未成年人犯罪的,可视为例外,按教唆犯从重处罚。但近年来,许多学者认为,利用未达到刑事责任年龄者实施犯罪可以成立间接实行犯。例如,利用这种无责任能力人实施犯罪,只不过是利用工具而已,利用者构成间接正犯。① 这种争议反映了学者对间接实行犯概念是否持肯定的态度。当然,日本及我国台湾学界的争议在我国大陆学界也有所反映,部分学者亦对年龄与刑事责任能力的问题展开了探讨。例如,利用这种未达到刑事责任年龄的人为工具实施犯罪的,无论其是否具有识别能力,利用者均应以间接正犯论处。② 又如,在此情形下,被利用者对自己实施的行为性质及其后果的刑法意义没有认识,或缺乏全面认识,成为利用者单纯的犯罪工具。③ 另如,如果以立法者的标准来衡量,而且允许法官进行具体个案衡量,将损害法的权威性和统一性。④ 可见对于利用未达刑事责任年龄但事实上具有刑事责任能力者实施犯罪的行为,我国学者大多认为可以成立间接实行犯。

笔者认为,从贯彻罪刑法定原则的角度进行思考,对年龄采取整齐划一的观点较为可取,因而不承认存在所谓的未达到刑事责任年龄而具有刑事责任能力的情形。因此,在利用未达到刑事责任年龄者实施犯罪的场合,未达到刑事责任年龄者不可能产生犯罪的意思,而幕后人具有犯罪的故意,因而后者具有超越前者的意思支配,从而可以将利用者认定为间接实行犯,至于对其能否适用刑法第 29 条的规定,这是教唆犯与间接实行犯的关系问题,因而拟在后文研究。

由上可知,基于被利用者不存在犯罪故意,而推断利用者可以成立间接实行犯,那么未达到刑事责任年龄者能否存在犯罪故意呢? 根据德日刑法理论,未成年人未达到刑事责任年龄,只是不具有刑事责任能力,其行为可以具有构成要件符合性及违法性,因而未成年人可以存在犯罪故意。但笔者认为,这是三阶段论思维方式的弊端,如果行为人连刑事责任能力尚且不具备,其行为即不可能具有构成要件符合性及违法性,因为构成要件是违法

---

① 陈兴良:《间接正犯:以中国的立法与司法为视角》,载《法制与社会发展》(双月刊)2002 年第 5 期(总第 47 期),第 7 页。

② 陈兴良:《间接正犯:以中国的立法与司法为视角》,载《法制与社会发展》(双月刊)2002 年第 5 期(总第 47 期),第 7 页。

③ 贾新征:《试论间接正犯存在的类型》,载《商丘师专学报》2000 年第 1 期。

④ 钱叶六:《间接正犯比较研究——兼论我国间接正犯的刑事立法与司法》,载《刑法问题争鸣与探索》总第 9 辑,第 259 页。

有责的类型。三阶段的思维方式,思考的对象是完全的、典型的犯罪事实,是一种单向的思维,事实上,对于一个具体行为的思考,在后一个阶段出现了不符合的情形,就应否定前一阶段的符合性。有学者看到了三阶段的犯罪论体系存在的弊端,提出了消极的构成要件的概念,即如果行为不具有违法性,也应当考虑其不具有构成要件符合性的问题,但消极的构成要件本身亦是对构成要件符合性的否定,因而是个矛盾的概念,这正是德日刑法三阶段的犯罪论体系不可克服的弊端。因此,我国的四要件的犯罪论体系在此可谓具有优越性,它能有效地实现思维的回归,同时在具体考察中它也存在一定的次序,具有三阶段思维方式的优点,从而根据我国的犯罪论体系,就不存在所谓不具有刑事责任能力而具有犯罪故意或犯罪行为等这类矛盾的概念。

二、利用适法行为

利用他人的适法行为能否成立间接实行犯?理论界存在肯定与否定两种见解。如德国学者耶塞克,他认为,利用他人的正当防卫,如果利用人对于攻击者以及防卫者而言,均存在行为支配;以及利用他人紧急避险,如果避险人处于不自由的状态;利用命令,如果下属既没有认识到其行为的违法性同时又不是必须认识的,幕后人均可以成立间接正犯。[①] 我国多数学者肯定利用他人适法行为的场合可以成立间接实行犯,并阐释了成立的理由,如必须将利用者与被利用者的行为结合起来,被利用者的行为虽然合法,不具有刑法上评价的意义,但是作为利用者行为整体的一部分,在利用者犯罪故意的承载下,被利用者的合法行为也变得不合法了,只不过是披上了被利用者合法行为的外衣,以合法之名行犯罪之实,利用者的主观恶性与客观危害结果有机地联系在一起,此是间接正犯成立的关键所在。[②] 上述可谓肯定说的诸见解,此外,否定的见解虽不多见,但在理论界也存在,如德国学者梅兹格认为,如果利用正当防卫行为与紧急避险行为以实现一定犯罪之结果,这种适法行为因不能有助于他人实行犯罪,因而否定利用适法行为构成间接正犯的可能性。[③]

---

① [德]耶塞克、魏根特:《德国刑法教科书》,徐久生译,中国法制出版社 2001 年版,第 807—809 页。

② 宁东升、贾新征:《试论间接正犯的几个问题》,载《国家检察官学院学报》1999 年第 3 期,第 15 页。

③ 邵维国:《论被利用者的行为构成犯罪与间接正犯的成立》,载《大连海事大学学报》(社会科学版)2002 年第 3 期,第 7 页。

对于利用紧急避险等适法行为与间接实行犯的成立问题，只存在肯定与否的问题，而不存在其他需要特别研究的问题，但是，对于利用正当防卫的行为，由于正当防卫的情形比较复杂，需要具体分析，因而此种利用犯罪也就需要特别研究。

利用正当防卫的行为能否成立间接实行犯？德日理论界存在肯定与否定两种学说：①否定说，主张利用正当防卫的行为应为无罪，或者主张该场合可以成立教唆犯，在日本主张教唆犯说的观点较为有力。① ②肯定说，此为日本理论界的通说。但是肯定说并非对利用正当防卫的情形成立间接实行犯一概持肯定态度。例如，德国有学者认为，当幕后人有意地造成正当防卫的情况，以便防卫人作为犯罪工具伤害攻击者，只有当无论是对于攻击者还是对于防卫人而言均存在行为支配的，幕后操作者的间接正犯始可以成立。② 又如，日本学者野村稔强调，对于利用正当防卫的行为，仅限于在直接利用的场合才可能成立间接实行犯。例如，为了方便杀甲，利用甲去攻击乙，乙以正当防卫将甲杀死，幕后人得以成立教唆犯。③ 此外，我国有学者认为利用正当防卫的情形可以成立间接实行犯，而且在证明时，承认间接利用正当防卫的行为也可以成立间接实行犯。④

笔者认为，利用正当防卫的行为，在间接利用的场合，通过被利用者实现犯罪的盖然性较低，因而难以成立间接实行犯。例如，在上述案例中，幕后人为了杀甲，引起甲的攻击行为，意图通过甲的攻击行为引起乙的防卫行为，然后利用乙的防卫行为将甲杀死。对此，乙是否实施防卫行为以及乙的防卫行为的法律效果如何，均不能为幕后人所操纵。为此，难以将乙的行为视为幕后人的行为。因此，对于利用正当防卫的行为，间接利用的场合难以成立间接实行犯，但是不排除在直接利用的场合成立间接实行犯的可能。

第四节　利用过失行为

日本及我国台湾理论界的通说认为，利用他人的过失行为可以成立间接实行犯。如川端博认为，通说认为利用有过失者可成立间接实行犯的观

---

① 林干人：《刑法的现代课题》，有斐阁 1991 年版，第 104、114 页。
② ［德］耶塞克、魏根特：《德国刑法教科书》，徐久生译，中国法制出版社 2001 年版，第 807 页。
③ ［日］野村稔：《刑法总论》，全理其、何力译，法律出版社 2001 年版，第 415 页。
④ 邵维国：《论被利用者的行为构成犯罪与间接正犯的成立》，载《大连海事大学学报》（社会科学版）2002 年第 3 期，第 7 页。

点,是正确的见解,但此无法由规范的障碍说得出结论,而是在于回避由共犯从属性说所得的不当结论,因此对其成立根据有进一步检讨的必要。① 可见,虽然通说认为利用他人的过失行为可以成立间接实行犯,但学者认为其理论根据有进一步检讨的必要。对此,日本有学者放弃了规范的障碍说,而采用行为支配的观点对肯定说进行论证。例如,过失行为者本身存在规范的障碍,被利用者便缺乏工具性,因而的确难以肯定背后者的间接实行犯性。但由于背后者存在故意,因而就可以认定其具有超过被利用者的优越性,因而也能认定其中存在被称为优越的支配的犯罪事实。② 对于利用他人的过失行为是否成立间接实行犯的问题,台湾学界亦普遍持肯定的观点。例如,通说认为,教唆是使他人产生犯罪决意的行为,不存在过失教唆犯利用他人过失的行为,利用人可以成立间接实行犯。③ 至于德国,李斯特认为,间接正犯的工具必须缺乏犯罪故意,出于何种原因缺乏故意,是否存在过失或完全无过错,均是无关紧要的。④ 这种观点可谓支持肯定说。我国学者亦大多持肯定说,其主张理由依然是,因为该情形下不能成立共犯。例如,根据现行刑法第 25 条的规定,没有共同犯罪故意构不成共同犯罪,共同过失犯罪也不能构成共同犯罪,进一步推之,一人故意犯罪与一人过失犯罪仍不能构成共同犯罪,应分别处罚,此种情况下便有利用他人过失行为实施犯罪的间接正犯类型。利用者承担故意犯罪的刑事责任,被利用者承担过失犯罪的刑事责任。⑤ 但是我国大陆也有学者认为对此情形应做具体分析,如果他人的过失行为已经存在,行为人单纯的利用,则不能成立间接实行犯,而如果行为人引起了他人的过失行为,则可以承认幕后人成立间接实行犯。⑥ 可见这种看似具体分析说的见解实质上是支持肯定说的,因为研究间接实行犯的成立问题,其前提即为幕后人引起了行为人的行为,而且所谓他人的过失行为已经存在,让人困惑。对于过失犯而言,结果发生,犯罪才成立,如果尚未成立过失犯罪,幕后人又如何发现他人存在过失行为呢?

此外,无论在德国学界,还是日本理论界,否定的观点亦同时存在。如在日本,植田重正根据规范的障碍说,认为利用他人的过失行为,被利用者

---

① [日]川端博:《刑法总论二十五讲》,余振华译,中国政法大学出版社 2003 年版,第 384—385 页。

② 马克昌、莫洪宪:《中日共同犯罪比较研究》,武汉大学出版社 2003 年版,第 77 页。

③ 甘添贵:《刑法之重要理念》,瑞兴图书出版社 1996 年版,第 183 页。

④ [德]李斯特:《德国刑法教科书》,徐久生译,法律出版社 2000 年版,第 363—365 页。

⑤ 宁东升、贾新征:《试论间接正犯的几个问题》,载《国家检察官学院学报》1999 年第 3 期,第 14 页。

⑥ 林维:《间接正犯研究》,中国政法大学出版社 1998 年版,第 103—104 页。

存在规范的障碍,因而应否定间接实行犯的成立。① 又如,在德国,毕克麦耶认为,过失犯的过失在心理责任论中是责任条件,过失行为是有责行为,因而利用他人的过失与利用无责任能力者全然不同,对于利用者,应构成过失共犯而不能构成间接正犯。②

综上所述,日本学者在研究间接实行犯的成立范围时,虽然坚持了其正犯性的基本理论,即规范障碍说,但实际上并未将此理论贯彻到底,有时不得不采用德国的行为支配说的观点。笔者认为,规范的障碍说重视实行犯的规范意思,而行为支配说重视幕后人的主观意思。事实上,间接实行犯是基于幕后人与实行犯的关系而存在,因而应当从两者的关系上进行考察,重视幕后人与行为人在主观意思上的关系,正是考虑到这些。同时综合规范的障碍说与行为支配说的优点,提出了超越的意思支配。根据超越的意思支配理论,具有过失的行为对于其外部态度仅具有意思支配可能性,但未产生现实的犯罪意思的支配,而幕后人具有现实的犯罪意思的支配,从而可以说,幕后人存在超越实行犯的意思支配。为此,在利用他人过失行为犯罪场合,利用者可以成立间接实行犯。

第五节　利用故意行为

一、利用不同的故意的行为

所谓利用不同的故意的情形,是指利用者与被利用者均存在犯罪故意,但两者故意的性质和内容不同。对此,日本刑法学家团藤重光有个著名的设例:甲以杀屏风后的乙为目的,命令不知情的丙向屏风开枪。对此情形,他认为,丙虽然有毁损器物的故意,却无杀人的故意,故丙在有关杀人范围内,仅是单纯的道具,甲应成立杀人罪的间接正犯。易言之,团藤重光认为利用不同故意的情形可以成立间接实行犯,在日本,此观点可谓是通说。例如,有学者认为,在被利用者对其他较轻的犯罪具有故意的情形,可以承认间接实行犯的成立。③ 台湾学界也持此观点。但是肯定论者同时亦认为,这种肯定的观点不能根据规范的障碍说来说明。

---

① [日]植田重正:《共犯论上的诸问题》,成文堂 1985 年版,第 93 页。
② 林维:《间接正犯研究》,中国政法大学出版社 1998 年版,第 97 页。
③ [日]川端博:《刑法总论二十五讲》,余振华译,中国政法大学出版社 2003 年版,第 387 页。

对于利用不同的故意的情形,是否存在间接实行犯的问题,我国学者亦持肯定说。例如,甲欲杀害隔壁的丙,通过欺骗的方法使乙轻信隔壁无人居住后让乙向房屋内开枪扫射致使丙死亡。在这种场合下,甲的行为构成杀人的间接实行犯与故意毁坏财物罪的教唆的想象竞合,而乙则构成故意毁坏财物罪。当然,如果乙对于丙的死亡有过失的话,其行为还应当构成过失致人死亡罪。①

笔者认为,对于利用不同的故意的工具,能否成立间接实行犯的问题,应当结合故意的性质和内容进行具体分析。根据超越意思支配理论,将被利用者的犯罪故意与幕后人的故意相比较,前者的程度相对较低,则可以承认间接实行犯的存在,反之,则不能将幕后人视为间接实行犯,在对间接实行犯予以否定后,则考虑是否成立共犯的问题。那么,如何确定行为人具有较低程度的故意呢?应根据故意的性质来认定,而故意的性质指的是犯罪的性质,即客体的性质,主要是考虑该场合下刑法所保护的社会关系的内容。例如,团藤重光的设例可谓是幕后人的故意在性质上重于行为人,因而可以将幕后人认定为间接实行犯。如果将此设例中各行为人的故意予以更换,幕后人具有损害财产罪的故意,而行为人却具有杀人的故意,此时对幕后人则不宜认定为间接实行犯,而应考虑其是否成立帮助犯。之所以做如此认定,因为在间接实行犯中,幕后人是通过影响行为人对其行为的性质、意义及客观情境的认识,来影响行为人的意志,使行为人的行为朝着自己预定的方向进展,而如果被利用者存在较幕后人更高程度的犯罪故意,那么,在通常情形下,即使幕后人不干扰行为人的认识,行为人在自己较高程度的犯罪意思支配下,也难以改变其犯罪的意志。因而其行为可谓是朝着行为人自己预定的方向发展,因而行为人的行为就不具有被利用的性质,为此就应否定间接实行犯的存在。

必须注意,研究利用不同的故意的情形,是以间接实行犯的成立问题为考察点的,也就是说,研究的前提是间接实行犯存在犯罪意思,具体而言,是指间接实行犯认识到被利用者不具有产生犯罪意思的可能性;或者认识到被利用者不具有犯罪意思,而且基于一定的理由认为被利用者在该场合也不可能产生犯罪的意思,如错误、不知情等原因;或者认识到被利用者虽具有犯罪意思,但其犯罪意思在程度上低于自己。因而所谓利用不同的故意,即是指幕后人认识到被利用者具有犯罪意思的场合,能否认定为间接实行

---

① 邵维国:《论被利用者的行为构成犯罪与间接正犯的成立》,载《大连海事大学学报》(社会科学版)2002年第3期,第8页。

犯的问题。对此,笔者认为根据间接实行犯的主观方面的要求,如果被利用者的故意为轻罪的故意,则可以将幕后人认定为间接实行犯。至于幕后人产生认识错误,事实上被利用者的故意高于或者等于幕后人的故意,则必须根据间接实行犯与共犯的错误来解决。概言之,笔者认为,利用不同的故意,幕后人可以成立间接实行犯。

二、利用有故意无目的的行为

利用有故意无目的的行为能否成立间接实行犯? 对此,日本的通说持肯定态度。例如,以行使目的使不知情的印刷工人伪造通用货币的情形中,通说肯定其道具性而认为成立间接正犯。① 西原春夫虽然否定利用有故意无身份者成立间接实行犯的情形,但对于利用有故意无目的的行为与间接实行犯的成立问题,却持肯定观点。虽然,日本的通说为肯定说,但对于肯定的理由却阐述不够,大多是采用一些模糊的术语,如"工具性"等进行肯定性的解释。此外,台湾多数学者亦持肯定说。在德国,判例也持肯定态度,例如,[帝国法院刑事判决 39,37(39)]为占有目的而让一个恶意的帮助人从他人庭院里拿来一只球,是盗窃犯罪的间接正犯。但是德国学者认为,这种肯定见解无法以行为支配说进行说明,因为犯罪工具本身未被强制、产生错误或者不是无责任能力。② 由此可见,德国学者虽然持肯定说,但亦认为,无法以行为支配说来予以证明。在我国,刑法学界主流的观点为肯定说,如有学者认为,甲出于反革命目的欲杀害乙,而丙为报私仇欲杀乙,甲知悉这一情况后,给丙出谋划策,进行背后支持,唆使丙杀掉乙,结果乙被丙杀害。甲便构成反革命杀人的间接正犯。③ 又如行为人有犯罪的故意不可否认,但并不知道利用者的特定目的,不可能对危害结果抱希望或放任态度,被利用者仍具有工具性。④

与此同时,理论界也有学者主张利用有故意无目的的工具不能成立间接实行犯。例如,野村稔认为,利用目的犯中欠缺目的的行为以及利用身份犯中欠缺特定身份的行为,均应当否定间接实行犯的存在而成立教唆犯。⑤ 又如,我国有学者认为,利用有故意无目的的工具,被利用者的行为不具有

---

① [日]川端博:《刑法总论二十五讲》,余振华译,中国政法大学出版社 2003 年版,第 388 页。
② [德]耶塞克、魏根特:《德国刑法教科书》,徐久生译,中国法制出版社 2001 年版,第 811 页。
③ 宁东升、贾新征:《试论间接正犯的几个问题》,载《国家检察官学院学报》1999 年第 3 期,第15 页。
④ 贾新征:《试论间接正犯存在的类型》,载《商丘师专学报》2000 年第 1 期,第 30 页。
⑤ [日]野村稔:《刑法总论》,全理其、何力译,法律出版社 2001 年版,第 415 页。

犯罪形态的犯罪工具的特点,因而对于教唆者不应视为间接正犯,而根据具体情况理解为教唆犯更合理一些。①

　　笔者认为,要解决利用"有故意无目的"的行为能否成立间接实行犯,必须先解决目的与故意的关系。关于目的犯之目的是故意的内容,还是故意之外的主观要素,理论界存在分歧。例如,有论者认为,目的犯的目的包含在直接故意的内容之中,不是一个独立的犯罪构成要件。② 与此不同,另有论者认为,目的犯的目的是故意之外的主观要素,它与故意之内的主观要素不同,应当对两者加以区分。③ 对此,笔者支持将目的犯之目的视为故意之外的主观要素的观点,因而存在被利用者行为有故意无目的的场合,在此,被利用者不构成犯罪,而幕后人可以成立间接实行犯。

三、利用有故意无身份的行为

　　通过有故意无身份的工具能否成立间接实行犯? 对此,日本刑法理论的通说为肯定说,如川端博认为,"利用有故意无身份者的行为,最后要还原到承认规范的障碍,是否肯定被利用者道具性之评价问题上,无身份者之行为,本身并不该当构成要件。"因此,对有身份者而言,其被评价为道具,在此种意义上,笔者认为通说之立场乃妥当。④ 又如,日本学者大谷实认为,利用没有身份的人的行为,问题在于,有身份者将没有身份的人按照自己的犯罪意志加以利用,是否能实现犯罪,由于能够将没有身份的人按照自己的意志加以利用,所以,在比较窄的范围之内,有可能成立间接正犯。在该种场合,利用人是间接正犯,而被利用者是帮助犯,在称不上是作为工具加以利用的场合,成立共同正犯。⑤ 这可谓是肯定说的见解。值得注意的是,李斯特认为工具必须缺乏犯罪故意,才有成立间接实行犯的可能。⑥ 但是对于利用所谓"有故意无身份者的行为",他亦持肯定说,但其理由却为,该情形下被利用者不具有犯罪故意,例如,他认为,"……在特别犯罪的构成要件的意义上,非官员的行为不符合构成要件,而且不具备犯罪故意,所以存在认定指使的官员成立间接正犯的可能。"⑦概言之,肯定利用有故意无身份的行为可以成立间接

---

① 吴振兴:《论教唆犯》,吉林人民出版社 1986 年版,第 73—74 页。
② 《全国刑法硕士论文荟萃》,中国人民公安大学出版社 1989 年版,第 233 页。
③ 陈兴良:《目的犯的法理探究》,载《法学研究》2004 年第 3 期,第 77 页。
④ [日]川端博:《刑法总论二十五讲》,余振华译,中国政法大学出版社,第 388 页。
⑤ [日]大谷实:《刑法总论》,黎宏译,法律出版社 2003 年版,第 121 页。
⑥ [德]李斯特:《德国刑法教科书》,徐久生译,法律出版社 2000 年版,第 363 页。
⑦ [德]李斯特:《德国刑法教科书》,徐久生译,法律出版社 2000 年版,第 366 页。

实行犯的观点,存在两种肯定的理由:从利用者具有身份的意义上持肯定说,或者从被利用者不具有身份,从而不具备犯罪故意上持肯定说。

在我国,有学者主张对"利用有故意无身份者的行为"进行具体分析:①有特定身份者利用无特定身份者实施无特定身份可以构成的犯罪的情况。例如,国家工作人员唆使非国家工作人员去窃取自己保管的公共财物,则国家工作人员构成贪污罪的间接正犯。②具有特定身份者利用无特定身份者实施无特定身份者不能构成的犯罪的情况。例如,国家工作人员教唆非国家工作人员向他人索取贿赂,此情况下,具有特定身份的人构成受贿罪间接正犯,无特定身份者构成间接正犯的从犯。① 此观点可谓是支持肯定说。

笔者认为,研究利用有故意无身份的行为能否成立间接实行犯,是要解决有身份者利用有故意无身份者实施犯罪,能否成立该种身份犯的间接实行犯的问题。因此,我国学者的具体分析法没有必要,在情形之一(有特定身份者利用无特定身份者实施无特定身份者可以构成的犯罪的情况)中,被利用者无身份的特征不具有特别的意义,因而可以在一般的利用场合予以讨论。此外,关于德日刑法理论肯定利用有故意无身份者成立间接实行犯的两种理由,笔者认为,在被利用者无故意无身份的场合,利用者可以成立间接实行犯,对此予以肯定。例如,被利用者不知情的场合即是如此,但此情形下的利用行为与间接实行犯中一般的利用情形无根本差别。因此,研究"利用有故意无身份的行为"能否成立间接实行犯,就不需要对此予以特别研究。因此,对于利用有故意无身份者能否成立间接实行犯的问题,应当从身份的意义上予以考察,考察的问题是,被利用者无身份犯所要求的身份但具有身份犯的故意的场合,利用者能否成立间接实行犯? 对此,应予肯定回答,因为从规范上考察,在身份犯中,幕后人具有身份,因而可以产生实行的意思,同时,通过无身份者的行为,犯罪也可以实现。那么,在客观上,幕后人存在间接实行的行为也是可能,根据主客观一致的原理,间接实行犯的场合就可以得到肯定。

四、利用有帮助故意的行为

"有故意的帮助的工具"的概念源自德国刑法理论,它是指完全有犯罪的故意,并且具备构成要件的主观要素所必要的目的等,但缺乏正犯者的意思,而仅仅作为他人的从犯而实施行为者。②

---

① 贾新征:《试论间接正犯存在的类型》,载《商丘师专学报》2000 年第 1 期,第 30 页。
② 马克昌:《比较刑法原理》,武汉大学出版社 2002 年版,第 636 页。

利用有故意的帮助的工具能否成立间接实行犯？对此,日本理论界存在肯定与否定两论,肯定者如庄子邦雄等,否定者如西原春夫等。日本实务界也存在肯定与否定的判例,对于肯定的判例,如最判昭和 25 年 7 月 6 日刑集 4 卷 7 号 1178 页,公司董事长命令公司的使用人运送大米的场合下,无论该使用人是否知情,董事长都是违反食粮管理法罪的实行正犯。[①] 对于否定的判例,如横滨地方裁判所川崎之所昭和 51 年 11 月 25 日判时 842 号 127 页,转让兴奋剂的实行者欠缺正犯者的意思的时候是以他人有故意的帮助作为犯罪工具的,不能成立正犯。对于此案,学者认为,被利用者的行为可以成为规范的障碍的行为,所以利用者不能成立间接正犯,而应以教唆犯处理。[②]

对于利用有故意的帮助的工具的问题,我国学者论述不多,但也有个别学者支持否定说。例如,行为人并没有实施诱致行为,他人的过失行为是原先已经存在的,并不是行为人实行了一定的行为引起的。这一点说明,利用者的行为缺乏实行性,他的行为只具有帮助性而已。但是该帮助行为能否构成共犯？根据我国主客观相统一的共同犯罪理论,其答案应当是否定的。此种情况有待于根据片面共犯理论加以解决。[③] 由此可见,这种否定的观点是基于肯定该情形下不存在利用行为而下的判断,因而不具有针对性,因为该情形下幕后人依然存在实施利用行为的条件。

笔者认为,如果幕后人在实施利用行为时,知道被利用者具有帮助的意思,而被利用者也知道幕后人具有实行的意思,从客观上看,幕后人的利用行为不具有隐藏其犯罪意思的功能,失去了间接实行犯的本质,从而不应当将幕后人认定为间接实行犯。既然间接实行犯被否定,从而应考虑是否成立共犯的问题,事实上,在此情形下,幕后人与被利用者之间可以存在共同故意;而且在幕后人不参与任何实行行为而"帮助者"一人将犯罪完成的情形下,依然认为该"帮助者"仅具有帮助的意思,这是值得怀疑的。因此,笔者认为这个概念本身就存在疑问,该情形下的被利用者应成立实行犯,他与幕后人成立共同犯罪,幕后人可能为教唆犯,也可能为帮助犯。

五、被利用者中途知情的情形

在间接实行犯的场合,如果被利用者中途知情,对于利用者,能否成立间接实行犯？对此,日本学界存在三种见解:①认为应当成立间接正犯,因

① [日]大塚仁:《刑法概说》,冯军译,中国人民大学出版社 2003 年版,第 157 页。
② [日]野村稔:《刑法总论》,全理其、何力译,法律出版社 2001 年版,第 416 页。
③ 邵维国:《论被利用者的行为构成犯罪与间接正犯的成立》,载《大连海事大学学报》(社会科学版)2002 年第 3 期,第 7 页。

为利用行为是实行行为,因此不构成教唆犯,应当构成间接正犯。[①] ②认为利用者构成教唆犯。其理由为,被利用者中途知情,既然按正犯的意思续行犯行,就不适合于间接正犯的因果关系发展过程,脱离了相当因果关系的范围。实际上,利用者的间接正犯的意思包含了教唆犯的故意,完全可以认定为教唆犯的故意,所以应当认定教唆犯的成立。[②] ③认为构成间接正犯未遂。其理由是,被利用者中途知情,按利用者的意思继续犯行通常是不能预测的,欠缺因果关系,故构成间接正犯未遂。[③] 此外,我国有学者主张此情形下,应当成立间接实行犯。[④]

对此,笔者认为,根据间接实行犯的基本理论,间接实行犯的犯罪意思是一种单独犯罪的意思,而且幕后人犯罪意思,是在其自认为其犯罪意思要超过被利用者的犯罪意思的前提下产生;而教唆犯的犯罪意思为共同犯罪的意思,教唆者欲使他人产生与自己共同实施犯罪的意思。因此,间接实行犯的犯罪意思与教唆犯的犯罪意思全然不同,从而不能认为前者包含后者。为此,对于被利用者中途知情的情形,应当说利用者存在间接实行的犯罪意思,至于被利用者中途知情并继续进行,这是超出幕后人所认识的,因而对于幕后人而言可谓是以间接实行犯的意思实施了相当于教唆犯的行为,宜根据间接实行犯与教唆犯之间的错误的理论来处理。根据错误理论,以间接实行犯的意思实施了相当于教唆犯的行为,可以成立间接实行犯,问题只是未遂与否的问题。

综上所述,对于利用有故意的工具能否成立间接实行犯的问题,笔者的结论为:对于利用不同的故意,幕后人可以成立间接实行犯;对于利用"有故意无目的的行为",幕后人不可以成立间接实行犯;对于利用有故意无身份的行为,应予具体分析,被利用者的故意是否为非身份犯的故意,如果可以肯定,则可以成立间接实行犯,反之则不能;对于利用帮助的工具,幕后人不能成立间接实行犯。此外,对于被利用者中途知情的情形,可以根据错误理论来解决,幕后人可以成立间接实行犯。

---

① ［日］团藤重光:《刑法纲要总论》,创文社 1990 年版,第 429 页。
② ［日］齐藤信治:《刑法总论》,有斐阁 1997 年版,第 263 页。
③ ［日］内田文昭:《刑法总论》,成文堂 1997 年版,第 334 页。
④ 邵维国:《论被利用者的行为构成犯罪与间接正犯的成立》,载《大连海事大学学报》(社会科学版)2002 年第 3 期,第 9 页。

第五章　间接实行犯的认定

第一节　间接实行犯与亲手犯

一、概　　述

亲手犯,亦称"自手犯"、"己手犯"等,它是指行为人必须亲自实施,不能假手他人实现的犯罪。[①] 因此,亲手犯可谓是"只能直接实行"的犯罪,间接实行犯与亲手犯的问题,实则为间接实行犯与直接实行犯的关系的问题,因而该问题必须结合间接实行犯的成立条件来解决。

关于亲手犯的性质,学界很少展开论述,但我国有少数学者认为亲手犯应当是犯罪形态,而不是犯罪人形态。[②] 日本学者野村稔则将亲手犯置于犯罪类型的标题下论述,将其与"形式犯、实质犯"以及"即成犯、状态犯、继续犯"相并列。[③] 笔者赞同亲手犯是犯罪形态的见解,亲手犯的概念无法应用到具体的犯罪人上,从而在考虑亲手犯问题时必须注意:不能将行为人当做亲手犯。这一点与间接实行犯不同,因为后者既可以指犯罪形态,也可以指犯罪人,但是考虑亲手犯问题,无非是要解决"行为人能否犯该罪"的问题,因而对主体的考虑亦必不可少。为了避免混乱,笔者主张以主体为研究的出发点,即研究某罪能否成立亲手犯,皆指某类行为人能否实施该罪。例如,对于不作为犯,需要研究的问题应当是:不具有作为义务者能否间接实施纯正作为犯或者不纯正不作为犯,以及具有作为义务者能否间接实施纯正作为犯或不纯正不作为犯等问题。

---

① 甘添贵:《刑法之重要理念》,瑞兴图书出版社 1996 年版,第 205 页。
② 李海滢:《亲手犯问题研究》,载《中国刑事法杂志》2004 年第 3 期,第 29 页。
③ [日]野村稔:《刑法总论》,全理其、何力译,法律出版社 2001 年版,第 113—116 页。

亲手犯的概念以承认间接实行犯的概念为前提,因此,在阐述亲手犯的理论基础之前,必须对亲手犯承认与否的问题予以简短交代。虽然是否承认亲手犯,理论界存在肯定与否定两种态度,但根据通常的见解,如果在间接实行犯的存在问题上不采取极端的观点,便可以肯定亲手犯的存在,即肯定间接实行犯的存在,同时肯定并非一切犯罪均可以成立间接实行犯,那么亲手犯就应当得到承认。因而否定亲手犯的观点无非是否定间接实行犯,或者是肯定一切犯罪皆可以成立间接实行犯。这种观点显然是从间接实行犯与亲手犯的关系问题上看亲手犯的存在,从而它无法在理论上确立亲手犯的独立地位,亦无法说明亲手犯存在的理论基础。

二、亲手犯的理论基础

亲手犯的理论基础,亦称"亲手犯概念的源起",是确立亲手犯独立地位的基石,也是决定亲手犯的范围、亲手犯与间接实行犯的关系、身份对间接实行犯的影响等诸问题的基本理论。

(一)学说概况

有学者以构成要件的构造来说明亲手犯存在的理论基础。例如,"从构成要件的内容的意义来看,在规定以一定的行为主体实施一定的行为始作为犯罪而处罚时,一定的行为主体实施一定的行为对于这种犯罪就是必要的,这种刑法规范的特点在于利用他人不可能发生对法益的侵害。"[①]此观点通过特定的行为主体、行为与法益三者的紧密关系来揭示亲手犯存在的必要性。简言之,亲手犯存在的理论基础是行为与特定主体的不可分离。

与此同时,也有学者以违法性的本质来说明亲手犯存在的必要性。例如,"惟犯罪之成否,尤其有违法性之有无,并非仅以法益侵害以及因果关系之有无,作为其决定的基准。刑法规范,本系以人之行为作为其规律之对象。因此,纵无实际侵害法律之情事存在,倘其具有侵害法益之危险,亦得仅基于行为人之行为样态而藉以认定其违法性。只是,在各种规范中,有仅着眼于特定人本身是否实施违法规范的态度者,亦有利用他人即不可能侵害法益者。因有此等规范之存在,己手犯之概念即自然孕育而生。"[②]可见,以违法性的本质来解释亲手犯存在问题的观点,是以承认违法性本质二元论为前提,即违法性的本质不仅在于侵害法益而且在于违反规范。违法性本质二元论为日本著名刑法学家大塚仁、大谷实等所主张。坚持该主张,实

---

① 马克昌:《德日刑法理论中的间接正犯》,法律出版社1995年版,第351页。
② 甘添贵:《刑法之重要理念》,瑞兴图书出版社1996年版,第206页。

质亦是坚持行为无价值与结果无价值相统一的观点,这种观点在某种程度上体现了客观主义与主观主义相互调和的理论趋势,因此以违法性本质二元论为前提,探讨亲手犯的理论基础,在方法论上应予以支持。由于坚持违法性本质二元论,以法益侵害说来检讨,尚存在"利用他人不可能侵害法益"的情形;以规范违反说来检讨,尚存在虽未发生法益侵害的结果,但行为人表现出规范违反的样态的情形,此两种情形皆可能产生亲手犯。概言之,亲手犯存在的理论基础为:主体与法益或规范的不可分离。

(二)学说简评

以构成要件的构造为基础的学说而产生"行为与主体不可能分离"的理论,与以违法性本质为基础而产生的"主体与法益或规范不可分离"学说,在实质上没有差别。从构成要件的理论,或者从违法性的本质阐述亲手犯的理论基础,仅是看问题的角度不同而已。从犯罪论的体系上考察,采用构成要件符合性、违法性、有责论的三阶段论,此两种角度皆有必要;而根据构成要件是违法类型的观点,两个不同角度下得出的结论也不会存在根本的差别。事实上,"主体与行为不可分离"的理论与"主体与法益或规范不可分离"的理论均可将亲手犯分为两类:①不亲自实施就无法实施行为;②不亲自实施则不能发生法益侵害的结果。因此,采用构成要件构造说与违法性本质二元说,对亲手犯的理论基础首先进行构成要件方面的考察,然后进行违法性方面的检讨,这能较好地体现德日刑法三阶段论的思维次序,只是从构成要件上的考察可谓更根本。因此,可以将上述两种学说关于亲手犯理论基础统一概括为:主体与行为的不可分离;但是在具体阐述时,必须结合主体与法益及主体与规范的关系加以说明。

(三)亲手犯的理论基础与间接实行犯的存在条件

由于亲手犯是只能直接实行才能成立的犯罪,亲手犯的理论基础与间接实行犯存在的理论基础之间便存在一定的联系。

如前所述,根据行为理论,一个外部态度如果能为主体的意思所支配,即使其由主体的身体间接发出,也可将其视为主体的行为。间接实行犯的存在必须具备下列主客观条件:在主观上,幕后人必须具有超越中介的意思支配,间接实行犯的存在范围及其与共犯的区别主要需借助该理论来解决;在客观上,行为与主体的身体可以分离。但这是就行为概念而做的分析,而将行为置于规范评价之中,行为人能否发出一个行为,还必须考虑立法者的意思,即刑法规范是否对主体资格予以特别的要求。因而,对于间接实行犯成立的客观条件而言,不仅仅是行为与主体的身体的分离,也必须考虑行为与主体的资格可以分离的情形,两者合称行为与主体的分离。

行为与主体可以分离才可能产生间接行为,它的反命题即为行为与主体不可分离,这就是亲手犯存在的空间。是否存在行为与主体不可分离的场合? 对此,虽然行为概念并未对行为做出身体直接动作的要求,但事实上,有些行为不考察其身体动作就无法确定行为的内容。例如,不携带驾驶执照罪中的携带行为,就与杀人行为不同,对于前者,如果不结合行为人的身体动作就无法认定该行为,而对于后者,不需要考察行为人身体如何动作,只需要考察该行为是否是致人死亡即可认定。因此,应当承认,存在必须以身体动作为内容的行为,从而体现出行为与主体的不可分离。不仅如此,从规范的意义上来说,有些行为必须具有特定资格者才可实施。例如,在纯正身份犯中,法律预定该行为只能由特定的主体实施,因而不具有资格者则无法实施,在此也可以产生主体与行为不可分离的现象。概言之行为与主体的不可分离可以分为两种:①行为必须以身体的动作为内容;②行为与主体的个人要素不可分。因此,亲手犯的存在,一方面是根源于行为本身的特质,另一方面是根源于法律的规定。

三、亲手犯的存在范围

(一)举动犯

台湾学者认为,举动犯可以为亲手犯。例如,就举动犯与结果犯相较,后者因将违法内容的重点置于法益侵害的结果上,其实施犯罪行为者具有代替性,自无己手犯存在的余地。至于前者,在某些犯罪中,行为人本身如无一定的举动,即不发生举动的规范违反性。[①] 该观点实质是认为,举动犯因其犯罪形态特殊,因而研究亲手犯问题时,必须予以特别考虑。在台湾地区,多数学者持该见解。例如,"亲手犯在原则上均非结果犯,而属行为犯。"[②]但是必须注意,该观点并非意味着举动犯一概为亲手犯。例如,论者认为举动犯种类甚多,犯罪的性质亦各不相同,如伪证罪、吸食鸦片罪可以成立亲手犯,而侵入住宅罪,可以他人举动的规范违反性作为自己违法的内容,仍可能以间接实行犯的形式而实现犯罪。[③] 概言之,台湾学者对举动犯成立亲手犯及成立的理由为:举动犯与结果犯不同,前者强调行为人的规范违反态度,后者强调法益侵害的结果,因而前者有成立亲手犯的可能,但是

---

①　甘添贵:《刑法之重要理念》,瑞兴图书出版社1996年版,第208页。
②　张丽卿:《刑法总则理论与运用》,台湾五南图书出版公司2002年版,第109页。
③　甘添贵:《刑法之重要理念》,瑞兴图书出版社1996年版,第208—209页。

否成立亲手犯则必须结合具体的犯罪行为来认定。与台湾地区不同,日本学界皆肯定举动犯亦有成立间接实行犯的可能。例如,一般认为,以单纯的举动犯的形式成立间接正犯的情形是可以的。例如,侵入他人住宅罪。①

我国学界对此问题探讨较少,但也有学者认为举动犯应为亲手犯,而且其肯定的程度较台湾学者为甚,可谓是全盘肯定。例如,举动犯性质严重,危害很大,如果允许其进一步实行,将造成更为严重的损害。所以,只要行为人一着手实行犯罪,就具备了犯罪构成的全部要件,基于此,举动犯中不存在犯罪未遂和间接正犯的问题……认为侵入住宅罪可以成立间接正犯,是没有认识到举动犯不需要经过一定的行为过程,扩大了间接正犯的成立范围。②

对于举动犯与亲手犯的成立问题,台湾学者与日本学者看似观点对立,但实质相同,均未否定举动犯中存在间接实行犯,只是需要具体考察,至于考察的根据,论述不详。而我国大陆学者的观点看似与台湾学界的观点相同,实则完全相反,前者肯定举动犯中可以存在间接实行犯,而后者却认为举动犯只能为亲手犯。

笔者认为,台湾学者一方面以举动犯强调行为人的规范违反态度来证明某些举动犯为亲手犯,如伪证罪;另一方面又以同一理论证明某些举动犯不属亲手犯,如侵入住宅罪。可见以这种理论无法对亲手犯问题做出科学说明。要解决亲手犯的成立问题,必须坚持其行为与主体不可分离的理论基础。举动犯对于法益的侵害不需要借助结果的发生,其行为本身就足够侵害法益,但它并非强调行为与主体的不可分离。而我国学者认为,举动犯一经着手,犯罪就达既遂,因而不能成立亲手犯。这种观点是对间接实行犯的着手采用了利用行为说,由于利用行为中包含着手,因而对于举动犯而言,无被利用者行为存在的可能性。但是,前文已述,利用行为应当为预备行为,因而即使在举动犯中,被利用者实施行为亦有可能。以论者列举的煽动民族仇恨罪为例,行为人将一个未成年人叫到家里,交给他一些传单,并告诉他如何散发,就在此时,被人偷听到了因而告发,对此,行为人应当构成煽动民族仇恨罪的预备犯,只是未成年一经散发传单,行为人就可以成立既遂,此两种情形下行为人均为间接实行犯。

综上所述,笔者认为,举动犯与亲手犯的成立之间并无实质的联系,具体的举动犯能否成立亲手犯必须考察该犯罪行为是否与其主体不可分离。

---

① [日]西原春夫:《犯罪实行行为论》,成文堂1998年版,第248页。
② 李海滢:《亲手犯问题研究》,载《中国刑事法杂志》2004年第3期,第32页。

例如,在吸食鸦片罪、侵入他人住宅罪、参加黑社会组织罪等罪中,行为与主体不可分离,因而应为亲手犯;而在传授犯罪方法罪之类的犯罪中,行为与主体可以分离,因而可以存在间接实行犯。

(二)不作为犯

1.理论概况

前文认为间接实行犯不能存在不作为的行为方式,这种研究是以解决间接实行犯的行为形态为目的,在此,以不作为犯为思考的核心,考察其能否存在间接实行犯的问题,从而它与前文的研究宗旨不同,但两者相互关联。不作为犯可分为纯正不作为犯与非纯正不作为犯,因而宜分别加以论述。

纯正不作为犯能否为亲手犯? 对此,理论界存在两种观点:①相对肯定说。如台湾学者认为,无保护责任者,利用有保护责任者,对于幼儿等无自救能力的人,不为生存所必要的扶助养育或保护,则无保护责任者也可以成立保护责任者遗弃罪,以强制手段逼迫驾驶人不携带驾驶执照,也可以成立间接正犯。① 易言之,对于纯正不作为犯,有作为义务者只能亲自实施,而无作为义务者则可以成立间接实行犯。②绝对肯定说,即主张纯正不作为犯皆为亲手犯。如"在纯正不作为犯中,行为人只要消极不履行自己的作为义务,就是亲手实行犯罪行为,而不需要利用他人的行为实行犯罪,如遗弃罪等,所以纯正不作为犯都是亲手犯,不存在间接正犯的可能性"②。

至于不纯正不作为犯是否为亲手犯,我国有学者持肯定观点。例如,有特定义务的人可以利用具有特定义务的人实施不作为犯罪而构成间接正犯,如没有特定义务的甲利用谎言欺骗扳道工乙,使其未能履行职责,致使火车颠覆,甲就是间接实行犯。但如果是具有特定义务的人就没有必要利用他人实施犯罪,因为只要其本人身体状态之静止,就足以构成犯罪。因此,在这种情况下,不作为犯就是亲手犯。③ 又如德国学者 Loxin 亦认为,不纯正不作为犯也可以成立间接实行犯。例如,"不真正不作为犯,若按照不作为犯考虑,不能认定间接正犯性,但它又是义务犯,因而根据其义务犯的特征,可以认定为间接正犯。例如,作为保证人的监护人故意不防止被监护人对第三者的侵害时,成立义务犯的不作为间接正犯;如果监护人积极介入

---

① 甘添贵:《刑法之重要理念》,瑞兴图书出版社 1996 年版,第 208 页。
② 李海滢:《亲手犯问题研究》,载《中国刑事法杂志》2004 年第 3 期,第 32 页。
③ 陈兴良:《间接正犯:以中国的立法与司法为视角》,载《法制与社会发展》2002 年第 5 期,第 9 页。

故意利用被监护人,则构成作为的间接正犯。①

2. 观点分析及结论

间接实行犯不能以不作为的方式实施,而纯正不作为犯则只存在不作为的行为方式,这就意味着,间接实行犯不可能为纯正不作为犯,换言之,对于纯正不作为犯而言,无论是有作为义务者还是无作为义务者,均不可以间接实行的方式成立犯罪,从而纯正不作为犯应当为真正亲手犯。例如,行为人强制他人不携带驾驶执照,他人由于受强制因而不具有作为可能,从而应否定其具有作为义务,因而他人的不携带驾驶执照的行为就不可能侵犯交通安全,为此对于行为人不应以不携带驾驶者执照罪处理,但其可以成立其他犯罪。为此,笔者主张纯正不作为犯应当为真正亲手犯。但对于不纯正不作为犯,由于作为与不作为均可以成立犯罪,因而对于有作为义务者一般情形下不能成立间接实行犯,而无作为义务者显然可以成立间接实行犯,从而不能对不纯正亲手犯做出真正亲手犯与不真正亲手犯的区分。概言之,纯正不作为犯为真正亲手犯,而不纯正不作为犯不是亲手犯。至于洛克信以义务犯的理论证明在不纯正不作为犯中,有作为义务者能成立间接实行犯,此结论是否正确,有必要对义务犯的理论进行检讨。

3. 义务犯

义务犯是指,只有违背不法构成要件所明定之特定义务,才能成立的犯罪,如背信罪中处理他人财产的信托义务,或泄漏秘密罪的守密义务等。职务犯、特别犯、不纯正不作为犯均视为义务犯。② 对于义务及义务犯的地位,Schmidt 认为义务是犯罪支配的下位要素,但义务是唯一说明身份犯具有犯罪支配的要素;Welzel 则认为目的支配是一切正犯的共同要素,主观和客观的行为人个人特征则是补充要素,但 Roxin 提出了义务犯的概念,并认为义务犯具有独立的地位,它不需要对构成要件有实际的支配,只要违反特别拥有的义务,就可满足构成要件,而被论以正犯。在他看来,义务犯也不是亲手犯,而是不适用犯罪支配理论的另类正犯,它永远只能是正犯,也不能成立教唆犯和帮助犯。③

义务犯的概念并未得到普遍的赞同,如果承认义务犯的概念,而且肯定不真正不作为犯可以为义务犯,同时肯定义务犯永远皆是正犯,就可能得出义务犯不存在直接实行与间接实行的问题,而只可谓是实行。而且义务犯

① 朴宗根、高荣云:《论间接正犯》,延边大学学报(社会科学版)2003年第4期,第60页。
② 林三田:《刑法通论》(下册),北京大学出版社2001年版,第54页。
③ 许玉秀:《刑法的问题与对策》,成阳印刷股份有限公司2000年版,第47—50页。

的概念无非是强调"行为人的个人特征"具有极其重要的意义,这一意义无非是说明,不具有构成要件所要求的行为人的个人特征者则不能实施特定的行为,也即此类犯罪的实现要求"行为主体与行为的不可分离",从而事实上肯定这类犯罪为亲手犯。因此,即使将不纯正不作为犯,转换为义务犯,也不能改变其为亲手犯的实质。例如,监护人对于小孩的盗窃行为坐视不管,监护人具有监护小孩为适当行为的义务,监护人坐视不管则意味着其具有作为的可能而采取了不作为,该不作为导致他人的财产权受到侵害,应当认为监护人的不作为与法益的侵害之间存在直接的关系,因而成立盗窃罪,且为直接实行犯。

综上所述,纯正不作为犯应为真正亲手犯,而对于不纯正不作为犯,有身份者只能直接实行,而无身份者可以间接实行,为此不是亲手犯。

(三)目 的 犯

目的犯是指行为人主观上具有某种特定目的作为构成要件的犯罪。以目的是否限于法律规定为依据,目的犯有广义和狭义之分,狭义的目的犯,仅指法律明文规定以一定的目的作为构成要件的犯罪,而广义的目的犯则包括,法律未规定但从司法实践和刑法理论上看无目的则不能构成犯罪的犯罪。在我国赞同广义说和狭义说者均有之,如"目的犯的目的必须由立法者在刑法条文中明确规定作为某种犯罪构成的必要要件,否则不能称为目的犯"①。此可谓采用狭义说。又如,"笔者赞成广义说,其一……"②。比较而言,笔者认为广义说更可取。

目的犯是否为亲手犯,理论界存在否定说与肯定说。支持否定说者如德国刑法学者赫尔兹勃格,他将自手犯分为三个类型:①将行为者自己的身体作为行为手段或者行为对象的犯罪,包括通奸罪、以婚姻为借口而奸淫罪、兵役法上的自伤行为罪、军事刑法上的鸡奸罪等;②实现构成要件不能依附于第三者,只能取决于行为者自己的人格态度的犯罪,包括名誉毁损罪、侮辱罪、泄漏业务上秘密罪等;③不根据犯罪的行为性质,而是按照诉讼法以及其他法律的要求,必须由行为者自己亲自实施的犯罪,包括伪证罪、脱离军务罪等。③ 由此可见,赫尔兹勃格认可的亲手犯中就不包括目的犯,换言之,目的犯与亲手犯之间不存在必然联系。而台湾学者大多将目的犯视为不真正亲手犯,我国大陆亦有学者持类似见解,如有目的者利用无目的

① 段立文:《我国刑法目的犯立法探析》,载《法律科学》1995年第3期,第44页。
② 刘明祥:《论目的犯》,载《河北法学》1994年第1期,第10页。
③ 朴宗根、高荣云:《论间接正犯》,延边大学学报(社会科学版)2003年第4期,第60页。

者实施犯罪,可以成立目的犯的间接实行犯,而无目的者利用有目的者实施犯罪,则不能成立目的犯的间接实行犯。①

笔者认为,目的是主观的、超过的要素,也是构成要件的要素,目的犯要求行为与主体不可分离,因而,从原则上看,目的犯应为不真正亲手犯,即有目的者利用无目的不知情者实施犯罪,可以成立间接实行犯;而无目的者不能利用有目的者实施犯罪,则不能为间接实行犯,可能成立教唆犯或帮助犯。

(四)身 份 犯

身份犯包括纯正身份犯与不纯正身份犯,因此探讨身份犯与亲手犯的问题也应当分别进行。

1. 理论现状

纯正身份犯是否为亲手犯? 理论界大多持肯定观点,但肯定的范围却不一致,具体观点如下:①应依据犯罪性质予以个别认定。例如,有学者认为,在身份犯中,属于真正己手犯者,唯有伪证罪而已。而对于不真正己手犯的犯罪形态较多,如纯正身份犯中的受贿罪为真正己手犯,强奸罪则不能认为是己手犯。② ②应区别能力犯和义务犯予以认定。例如,有学者认为,能力犯中的身份是纯正身份犯据以实施的条件,不能为亲手犯;而义务犯中的身份意味着承担一定的义务,可以为亲手犯,法定身份犯均是义务犯,而自然身份犯存在能力犯和义务犯的区分。③ ③应区分排他性身份犯与非排他性身份犯予以认定。例如,有学者认为,对于排他性身份,离开主体的身份,刑法保护的法益就不可理解,主体具备某种身份意味着存在刑法保护的客体,可以成立亲手犯;对于非排他性身份而言,犯罪可以由具备特定身份的人可以与其他人共同实施的情况,如贪污罪中的侵占行为可以由受公务员教唆的公务员的家属来实施。④

不纯正身份犯能否为亲手犯? 理论界存在肯定与否定两种见解:①肯定说。如台湾地区有学者认为,不真正身份犯可以成立不真正己手犯,因为不真正身份犯也是因一定的身份而违反义务,其规范违反程度存在轻重的差别。例如,无身份者利用卑亲属杀害其直系尊亲属,不成立杀害尊亲属罪的间接实行犯,而成立普通杀人罪的间接实行犯,而卑亲属利用他人为工

---

① 李海滢:《亲手犯问题研究》,载《中国刑事法杂志》2004 年第 3 期,第 31 页。
② 甘添贵:《刑法之重要理念》,瑞兴图书出版社 1996 年版,第 207—210 页。
③ 李海滢:《亲手犯问题研究》,载《中国刑事法杂志》2004 年第 3 期,第 30—31 页;林维:《间接正犯研究》,中国政法大学出版社 1998 年版,第 143—146 页。
④ 〔意〕帕多瓦尼:《意大利刑法原理》,陈忠林译,中国法律出版社 1998 年版,第 90 页。

具,杀害其直系血亲尊亲属,仍成立杀害尊亲属罪的间接实行犯。[①] 由此可见,肯定说是以不纯正身份犯的身份也影响构成要件性质的变动为理论依据。②否定说。如我国大陆学者认为,不纯正身份犯与亲手犯无关,身份犯中只有不纯正身份犯才可能产生是否成立亲手犯的问题。因为不纯正身份犯只影响量刑,而不影响定罪。[②] 由此可见,否定说为不纯正身份犯中的身份仅影响量刑,从而与犯罪成立问题无关。

对于纯正身份犯与不纯正身份犯的理解,我国刑法理论与大陆法系不同,我国刑法总则无身份的专门规定,而是在分则中涉及有关身份的问题,因而对于不纯正身份犯,不发生其适用基本构成要件还是修正构成要件的问题,我国学者亦多认可,不纯正身份犯为量刑身份,因此我国刑法对身份的这一立法缺陷,反而使得不纯正身份犯的问题不如德日刑法复杂。概言之,根据我国立法规定,不纯正身份犯的身份不影响犯罪的成立,从而其与亲手犯之间不存在特别的关系。换言之,对于不纯正身份犯,不发生亲手犯的问题,考察间接实行犯的主客观条件即可认定其成立与否,即不纯正身份犯不为亲手犯。但是,立法缺失虽然有利于不纯正身份犯的解决,可是对于纯正身份犯,虽然刑法总则未做规定,但其作为构成要件的要素,身份的有无与犯罪的成立紧密关联,因而在理论上仍存在德日刑法身份犯理论类似的问题。但刑法总则是否规定身份,不影响纯正身份犯的复杂性。而且台湾有学者认为"台湾刑法"第 31 条对身份的规定实属多余,无资格者原本即有可能成为共犯,不需要透过法条规定拟制为共犯,此规定反而会造成误会,误以为无资格者本非共犯,只是由于条文的规定而被拟制为共犯。[③] 因此,我国立法无身份犯的规定,也不算遗憾,但实践中有关身份的共同犯罪却不少见,因而在理论上加强研究就很有必要。

上文对理论界有关纯正身份犯与亲手犯的观点予以了概括,现就各观点予以简评。对于排他性身份犯说,哪些是排他性身份犯,含义不明确,论者认为公务员的家属不能单独实施犯罪,但在共同犯罪中可以存在实行行为,其肯定理由不甚明了,还必须结合身份在犯罪论体系中居于何种地位来进行考察。至于能力犯和义务犯区分说,它虽具有可操纵性,但是义务犯中的身份也是犯罪的条件。例如,不具有国家工作人员的身份,就无法实施贪污罪,在此,国家工作人员身份也是贪污罪实施的先决条件,因而要确定能

---

① 甘添贵:《刑法之重要理念》,瑞兴图书出版社 1996 年版,第 210 页。
② 李海滢:《亲手犯问题研究》,载《中国刑事法杂志》2004 年第 3 期,第 29 页。
③ 林三田:《刑法通论》(上),北京大学出版社 2001 年版,第 138 页。

力犯与义务犯的根本差别,还必须根据身份理论来解决,从而需探讨身份在犯罪论体系中的地位。上述各种区别说,皆意图从纯正身份犯中划分出亲手犯的概念,其实质是认为,对于类型不同的纯正身份犯,身份与主体的关系不同,有些主体与身份可以分离,有些则不可分离,但是,这种思维却超出了单独犯的领域,而进入了共犯的范围,诚然,身份与共犯的问题亦关乎间接实行犯与教唆犯的关系问题,但对于身份的意义宜在间接实行犯与教唆犯的关系中进行探讨。亲手犯与间接实行犯的问题存在于单独犯内部,因而不存在是否适用修正犯罪构成的问题,为此对于纯正身份犯而言,在单独犯中,主体与行为即为不可分离,从而有身份者利用无身份者可以成立间接实行犯,而无身份者利用有身份者却不能成立间接实行犯。因此,纯正身份犯应为不真正亲手犯。

综上所述,笔者认为,应当采用台湾学者的具体认定法,纯正身份犯一般为不真正亲手犯,但也存在不能成立间接实行犯的纯正亲手犯,如遗弃罪。不纯正身份犯不是亲手犯。值得注意的是,台湾理论界的通说主张,有身份之人利用无身份之人,藉以实施身份犯,则有身份之人仍得以成立该身份犯之间接实行犯,此种情形,不论该犯罪属纯正身份犯抑或是不纯正身份犯,莫不皆然。① 这与其"刑法"第 31 条对不纯正身份犯的规定有关,根据我国立法现状,不纯正身份犯实则为非身份犯,从而在犯罪成立上与一般犯罪未有不同,为此,它与亲手犯不发生特别问题。

(五)结 论

通过对亲手犯存在范围的分析,可以得出如下结论:纯正不作为犯、目的犯、身份犯可以成立亲手犯;而举动犯、不纯正不作为犯及非真正身份犯与亲手犯问题无必然的关系。为此,可以将亲手犯的理论基础,主体与行为不可分离的情形概括如下:①行为的内容的认定必须考虑主体,如不携带驾驶执照罪,携带是指"随身带着"②。因而携带行为体现了与主体的不可分离。与此相反,杀人罪,"杀"是指"使人或者动物失去生命"③,可见"杀"的含义不需要考虑动作的主体。因此,如果一个具体行为,其内容本身就包含主体,则该行为与主体不可分离。②犯罪主体的认定离不开对犯罪对象的考察。例如,乱伦罪,其主体特指与犯罪对象具有"亲属关系"的人;又如,重婚

---

① 甘添贵:《共犯与身份》,学林文化事业有限公司 2001 年版,第 271 页。
② 中国社会科学院语言研究所词典编辑室:《现代汉语词典》(修订本),商务印书馆 1998 年版,第 1394 页。
③ 中国社会科学院语言研究所词典编辑室:《现代汉语词典》(修订本),商务印书馆 1998 年版,第 1093 页。

罪,其主体特指与犯罪对象结婚的人。犯罪对象可谓是犯罪行为的客观方面的内容之一,因而犯罪主体与犯罪对象的不可分离,最终体现为主体与行为的不可分离。③犯罪行为方式的认定离不开对主体的考察。例如,受贿罪要求的行为为收取他人财物,但法律同时规定了该行为必须是"利用职务上的便利"而实施,而是否是利用职务上的便利,则必须考察主体的身份。因此,对于这类纯正身份犯,犯罪行为的方式与主体不可分离,而犯罪行为的方式亦是犯罪行为的客观方面的内容之一,从而行为方式与主体的不可分离亦体现为行为与主体的不可分离。

四、亲手犯的类型

亲手犯可分为真正亲手犯与不真正亲手犯,对于具体的犯罪行为,只能直接实行而决不能间接实行,则此类犯罪即为真正亲手犯;对于具体的犯罪行为,若能直接实行则能间接实行,同时如果不能直接实行则亦不能间接实行,则此类犯罪为不真正亲手犯;此外理论界还存在形式亲手犯与实质亲手犯的概念。实质亲手犯,指间接实行犯的犯罪形态实质上不可能的犯罪;而形式亲手犯,指实质上间接实行犯的犯罪形态是可能的,而仅仅在法律上排除这样的犯罪形态的犯罪。① 由此可见,这种分类采用的是法律标准。真正亲手犯与不真正亲手犯均可谓是实质亲手犯,对于形式亲手犯,通常列举日本刑法第 156 条与第 157 条的关系加以阐明。第 156 条规定了"公务员伪造虚伪文书或变造文书罪",第 157 条规定了"使公务员对公证证书原本等做不实记载罪","使公务员对公证证书做不实记载"本应是刑法第 156 条的间接实行犯,在此法律却将其作为独立的犯罪加以规定,这种亲手犯即为形式亲手犯。

第二节　间接实行犯与教唆犯

一、概　　述

间接实行犯概念的产生与教唆犯紧密联系,该概念源于 19 世纪初叶的发起者概念,德国学者费尔巴哈从权利侵害说的立场出发,将共犯分为直接的权利侵害者和间接的权利侵害者,前者分为身体的引起者与精神的引起

① 马克昌:《比较刑法原理》,武汉大学出版社 2002 年版,第 642 页。

者。19 世纪中叶,发起者概念发生分化,德国刑法学家 Studle 将精神的发起
者称"间接实行犯",但与教唆犯概念混淆不清。直到 19 世纪末,间接实行犯
的概念才与教唆犯的概念彻底分离,自此间接实行犯概念才真正形成。至
今,仍有相当多的国家的立法将间接实行犯的情形规定在教唆犯之中,如意
大利刑法、韩国刑法等。因此,可以说间接实行犯自其产生始就与教唆犯纠
缠不清。日本刑法学家大谷实认为,在利用他人完成犯罪的情况下,问题点
往往是如何区别教唆犯与间接正犯。因此,合理划清间接实行犯与教唆犯
之间的界限,有助于加深对间接实行犯的理解,正确地定罪和量刑。

　　研究间接实行犯与教唆犯的关系,可谓是从共犯来看间接实行犯,因而
必须以间接实行犯的基本理论及共犯理论展开对相关问题的论述。要明确
间接实行犯与教唆犯之间的关系,必须对如下几个问题予以研究:①教唆犯
的性质与间接实行犯的存在;②教唆犯与间接实行犯界限;③间接实行犯与
教唆犯之间的错误。此外,还必须结合我国刑法第 29 条第 2 款的规定,探讨
间接实行犯的立法问题。

二、教唆犯的性质与间接实行犯的存在

(一)教唆犯的从属性与间接实行犯的存在

　　从间接实行犯概念产生的初衷来考察,根据弥补理论的观点,教唆犯具
有从属性,是间接实行犯概念存在的前提,而且采用何种从属形式将影响间
接实行犯的存在范围。虽然前文对于间接实行犯的存在范围已做研究,但
对于其与教唆犯从属性之间的关系,仍不明确,从而有必要对此关系进行整
理,以明确间接实行犯理论的发展趋势。

　　虽然,共犯从属理论之"从属"具有不同的含义,如实行从属性、罪名从
属性、可罚从属性、要素从属性;其中要素从属性又包含最小限度从属形式、
限制从属形式、极端从属形式、夸张从属形式。① 而且,在日本,学界存在最
小限度从属性说、限制从属性说、极端从属性说的对立,但其通说却为限制
从属性说,判例曾经采用极端从属性说,现在向限制从属性说倾斜。② 而在
德国,限制从属性说也是通说。但是,台湾"立法"和理论界却采用极端从属
性说。③ 由此可见,虽然存在多种从属性说,但限制从属性说与极端从属性
说可谓最具影响的两大从属理论。同样,在教唆犯的问题上,多数国家采用

① 马克昌:《比较刑法原理》,武汉大学出版社 2002 年版,第 659—660 页。
② [日]大谷实:《刑法总论》,黎宏译,法律出版社 2003 年版,第 305—306 页。
③ 陈朴生、洪福增:《刑法总则》,台湾五南图书出版公司 1982 年版,第 265 页。

极端从属性说与限制从属性说,因而下文以此两种理论为基础,考察间接实行犯与教唆犯的关系问题。

1. 教唆犯的限制从属性与间接实行犯的存在

对教唆犯采用限制从属性,则要求被教唆者的行为必须具有构成要件符合性和违法性,教唆犯才具备可罚性,如德国刑法第 29 条,"……被教唆者必须实施相当于构成要件之实行行为,教唆犯始得成立。"①此立法对教唆犯可谓是采用了限制从属性说。依据这种理论,被教唆者不成立犯罪,教唆犯也可以成立,而根据弥补理论,显然无间接实行犯存在的可能。但事实并非如此,德日刑法采用限制从属性说,但现今依然肯定间接实行犯概念的存在,而且也并未将利用不成立犯罪者的行为一概认定为教唆犯。

如前所述,德日刑法理论及判例均认为,如果被利用者不构成犯罪,利用者既可以成立教唆犯也可以成立间接实行犯。例如,在被利用者不具有责任能力的情形,许多学者认为,未达到刑事责任年龄者如果事实上具有责任能力,则利用者可以成立教唆犯;如果其完全无辨认能力,则可以成立间接实行犯;又如,在被利用者欠缺对构成要件事实的认识(故意)或者认识可能性(过失)的场合,日本通说认为应当成立间接实行犯。此外,在被利用者欠缺违法性意识的场合,通说却认为可以成立教唆犯。②

综上所述,对教唆犯采用限制从属性说,教唆犯的性质并不对间接实行犯概念的存在及存在范围具有决定性的影响。换言之,德日学者对于间接实行犯的思考,已经不局限于共犯的领域,这显然已经"违背"了间接实行犯概念产生的初衷。事实上,德日学者在间接实行犯的许多问题上均贯彻了其正犯性理论,如日本的规范的障碍说,德国的犯罪支配说。因此,间接实行犯对于共犯从属理论的依赖在逐渐减弱,理论界呈现出从实质意义上来考察间接实行犯的存在根据及相关问题的趋势,这同时意味着间接实行犯的"正犯性"在加强。

2. 共犯极端从属性说下的教唆犯与间接实行犯

台湾"立法"和理论界对教唆犯采用极端从属性说。例如,其"刑法"29条第 1 款规定,教唆他人犯罪的,为教唆犯。③ 根据我国刑法第 29 条规定,"教唆他人犯罪的……"可知,我国刑法对于教唆犯亦采用了极端从属性理论。日本的判例曾经采用极端从属性说。④ 如果对教唆犯采用极端从属性

---

① 陈朴生、洪福增:《刑法总则》,台湾五南图书出版公司 1982 年版,第 265 页。
② 〔日〕齐藤信治:《刑法总论》,株式会社有斐阁 1993 年版,第 263 页。
③ 张丽卿:《刑法总则理论与运用》,台湾五南图书出版公司 2002 年版,第 314 页。
④ 〔日〕大谷实:《刑法总论》,黎宏译,法律出版社 2003 年版,第 306 页。

说,被利用者的行为必须构成犯罪,教唆犯才具有可罚性。为此,如果被利用的行为不成立犯罪,对于利用者就不存在处罚根据,这正是间接实行犯概念产生的初衷。因而,间接实行犯概念产生之初,是欲将被利用者不成立犯罪的利用者绳之以法。但是目前,台湾理论界对教唆犯虽然采用极端从属性说,同时却认为被利用者的行为不构成犯罪,利用者也可以成立教唆犯;同时,被利用者的行为构成犯罪,利用者也可以成立间接实行犯。

被利用者的行为不构成犯罪,利用者也可成立教唆犯。例如,在被利用者不具有刑事责任年龄的场合,台湾学者也认为,如果被利用者事实上具有刑事责任能力,利用者可以成立教唆犯;又如,在被利用者不具有目的犯之目的及不具有身份犯之身份的情形,也采用了具体分析的方法。① 被利用者的行为构成犯罪,利用者也可以成立间接实行犯。例如,台湾学界承认"正犯后的正犯"概念,②即被利用者成立故意犯罪,利用者也可以成立间接实行犯。

综上所述,间接实行犯概念虽然在共犯从属性理论的基础上产生,但已脱离了后者的约束,由最初的弥补概念逐渐成为与共犯并列的概念。但是必须注意,学者们虽然将间接实行犯的正犯性的观念运用到有关间接实行犯的具体解释中,但其依然保留着"非共犯性"的思想残余。例如,在对间接实行犯的认定中,先考虑不成立教唆犯,而后才考虑成立间接实行犯,这种观念对于间接实行犯的研究极为不利,为此笔者主张确立间接实行犯作为单独犯的观念,采用先间接实行犯,后教唆犯的思维方式。

(二)教唆犯的独立性与间接实行犯的存在

奥地利刑法对教唆犯采用独立性说;③我国刑法第 29 条第 2 款规定,如果被教唆的人没有犯被教唆的罪,对于教唆犯,可以从轻或者减轻处罚,可见我国立法承认教唆犯具有独立性。此外,台湾"刑法"第 29 条第 3 款也规定,被教唆犯之人,虽未至犯罪,教唆犯仍以未遂犯论,但以所教唆之罪有处罚未遂犯的规定为限。④ 可见台湾"刑法"与我国刑法对于教唆犯的规定相似,均承认教唆犯的独立性(同时也都肯定教唆犯的极端从属性)。

对教唆犯如果采用独立性的观点,本无间接实行犯的存在,但这是基于弥补理论所得出的结论,体现了对间接实行犯采用非共犯式的思维态度。

---

① 甘添贵:《刑法之重要理念》,瑞兴图书出版社 1996 年版,第 185—193 页。
② 林三田:《刑法通论》(下册),北京大学出版社 2001 年版,第 67—68 页。
③ 陈朴生、洪福增:《刑法总则》,台湾五南图书出版公司 1982 年版,第 265 页。
④ 张丽卿:《刑法总则理论与运用》,台湾五南图书出版公司 2002 年版,第 314 页。

台湾"刑法"虽然肯定教唆犯具有独立性,但学界不仅肯定间接实行犯概念,而且研究的深入不亚于德日;虽然我国刑法对教唆犯也采用了独立性说,但理论界对于间接实行犯的概念亦持肯定态度,同时司法界也运用此理论解决了一些案件。例如,有学者认为,根据我国刑法第 29 条第 1 款和刑法第 17 条规定,行为人利用不满 14 周岁的人为工具实施犯罪应为间接正犯,行为人利用此年龄段的人为工具实施除故意杀人、故意伤害致重伤或死亡、强奸、抢劫、贩卖毒品、放火、爆炸、投毒罪之外的犯罪行为,也构成间接正犯。[①]因此,笔者认为,只要坚持间接实行犯是单独犯的理念,即使采用教唆犯独立性说,也可以肯定间接实行犯概念的存在。从而在我国承认间接实行犯概念,就不仅是理论上的问题,它与立法亦不矛盾而且也有立法的必要。对教唆犯采用独立性说,只是说明确定间接实行犯的独立地位更有必要,加强间接实行犯的研究更有意义,因而后文笔者将围绕我国刑法第 29 条第 2 款的理解,阐述立法规定间接实行犯概念的必要性,而解决此问题必须先明确间接实行犯与教唆犯的界限及间接实行犯与教唆犯其他相关问题。

三、间接实行犯与教唆犯的界限

间接实行犯与教唆犯均是利用他人实现犯罪的形式,但两者存在本质差别,前者是正犯的一种,是利用他人实现自己的犯罪;而后者属共犯之一,属造意犯。具体差别如下。

(一)主观上,故意的内容不同

1. 间接实行犯与教唆犯的意识因素不同

间接实行犯必须认识到被利用者不可能产生较自己更高程度的犯罪意思,而教唆犯是认识到对方不具有犯罪意思,因而是以认识到对方能产生与自己同等的犯罪意思为前提的。

间接实行犯对被利用者的认识,可以包括三种情形:①认识到被利用者对其行为不具有意思支配可能性,如被利用为被强制,被利用者的行为为反射动作等场合。②认识到被利用者对其行为具有犯罪意思支配可能性,但不可能产生犯罪的故意,如被利用者为无刑事责任能力者,又如被利用者可以存在过失的场合。③认识到被利用者存在犯罪故意,但其故意的程度低于自己的场合。例如,利用不同的故意的工具的场合。而教唆犯的故意中的意识因素必须包括如下内容:①认识到被教唆者尚无犯意,或者犯罪决心

---

① 贾新征:《试论间接正犯存在的类型》,载《商丘师专学报》2000 年第 1 期,第 29 页。

还不坚决;②认识到被教唆者是达到刑事责任年龄且具有刑事责任能力的人;③预见到自己的教唆行为将引起被教唆者产生某种犯罪的故意并实施该种犯罪。①

间接实行犯的情形之一与情形之三不可能发生与教唆犯的关系问题,间接实行犯可能与教唆犯发生问题的是情形之二。例如,利用具有完全刑事责任能力者犯罪,利用者主观上是出于间接实行犯的犯罪意思,还是教唆犯的犯罪意思? 根据间接实行犯与教唆犯主观上的差别,区分两者的标准为:认识到他人能够基于自己的利用行为而产生犯罪故意的是教唆犯;基于特定的理由认识到他人不能基于自己的利用行为而产生犯罪故意的,则为间接实行犯,这类特定的理由如被利用者产生错误,被蒙蔽或者被利用者存在一个合法的意思,如防卫的意思或者避险的意思等。

2. 两者故意的内容不同

间接实行犯与教唆犯虽然都具有引起他人行为的意思,但两者故意的内容不同,前者是实行犯罪的故意,也就是说通过他人的行为"来"犯罪的故意,他人的犯罪实则是利用者自己的行为,从而体现出单独犯的故意的特点;而教唆犯的故意是非实行犯罪的故意,换言之,是通过他人的行为"去"犯罪的故意,他人的犯罪并非教唆者的行为,从而体现出作为共犯的故意的特点,教唆犯这种非实行的故意,同时将其与共谋共同正犯的故意区分开来。

由上可知,间接实行犯的故意与教唆犯的故意相比较,两者故意的性质和内容均不同,前者故意的性质更严重,因而可以说间接实行犯的主观恶性要重于教唆犯。

(二)客观上,行为意义、行为方式及犯罪类型不同

1. 利用行为的功能不尽相同

在间接实行犯中,幕后人的利用行为具有两大作用:①引起被利用者的行为;②隐藏自己的犯罪故意。而在教唆犯中,教唆行为也具有两大作用:①引起被教唆者的行为;②引起被利用者的产生犯罪故意。由此可见,间接实行犯与教唆犯的利用行为均具有引起被利用者的实施犯罪行为的功能。但此外,利用行为在两种犯罪形态中还具有截然不同的意义。在间接实行犯中,幕后人通过利用行为隐藏自己的犯罪意思,将自己的犯罪故意予以掩藏,让被利用者无法产生较幕后人具有的高程度的犯罪故意。为此,台湾学

---

① 马克昌:《犯罪通论》,武汉大学出版社 1999 年版,第 559 页。

者称间接实行犯为"藏镜人",其隐藏的就是自己的犯罪意思。而在教唆犯中,教唆者却是以教唆行为向对方发出共同犯罪的"要约"。因此,在间接实行犯中,幕后人隐瞒真相,利用他人的错误是经常的。

2. 利用行为的形态不尽相同

间接实行犯的利用行为可以是作为,还可以是不作为,虽然在此情形下其成立的是直接实行犯,但就利用行为的其形态而言可为不作为;而根据教唆犯为造意犯的本质,教唆犯的教唆行为则不可为不作为。

3. 犯罪类型不尽相同

间接实行犯适用基本的犯罪构成,其存在排斥的情形,如真正亲手犯不可能存在间接实行犯;又如,目的犯、身份犯中,无目的者或者无身份者不可能成立间接实行犯;而教唆犯适用修正的犯罪构成,即使在身份犯、目的犯罪中,无身份或无目的者也可以成立教唆犯,只是存在如何定罪的问题。

四、间接实行犯与教唆犯之间的错误

间接实行犯与教唆犯之间的错误,主要包括两种情形:①以间接实行犯的意思实施了相当于教唆犯的行为;②以教唆犯的意思实施了相当于间接实行犯的行为,两种情形下的错误,均可谓是主观意思与客观行为不相符,因而涉及以何种标准对行为人定罪的问题。

(一)学说现状

如何处理间接实行犯与教唆犯之间的错误? 对此,理论上存在各种学说:①主观说,即根据利用者的意识作为判断标准,那格拉、大场茂马等持该说;②客观说,即根据客观事实作为判断标准,迈耶、竹田直平等持此说;③折中说,即对行为者主观方面和客观方面一并考虑,然后加以判断,富兰克、泉二新熊、安平正吉等持此说。[①]

根据主观说,以间接实行犯的意思实施了相当于教唆犯的行为,可以将行为人认定为间接实行犯;而以教唆犯的意思实施了相当于间接实行犯的行为,可以将行为人认定为教唆犯。根据客观说,结论正好与主观说相反。根据折中说,无论是以间接实行犯的意思实施了相当于教唆犯的行为,还是以教唆犯的意思实施了相当于间接实行犯的行为,均可将行为人认定为教唆犯,之所以如此,因为:①间接实行犯与教唆犯相比,间接实行犯重于教唆犯,从而根据日本刑法第38条第2款,不能以间接实行犯论处。②间接实行

---

① 马克昌:《关于共犯的比较研究》,选自《刑法论丛》,高铭暄、赵秉志主编,中国法律出版社1999年版,第374-375页。

犯的意思可以说包含有教唆的意思。① 从方法论说,折中说是可取的,但依据折中说得出的结论是否科学尚有待研究。

与折中说的结论相反,我国有学者主张,间接实行犯与教唆犯之间的错误,对于行为人均应当以间接实行犯处理。以教唆犯的意思实施了相当于间接实行犯的行为应成立间接实行犯,其理由为:①被教唆者具有刑事责任能力,这是共犯成立的前提条件,而这种情况的刑事责任能力只是一种臆想,被利用者实质上不具有责任能力,这与间接实行犯的构成要件相吻合;②如果对此以教唆犯处理,无法找到处罚的法律根据。这种主张实质上坚持了客观说。以间接实行犯的意思实施了相当于教唆犯的行为也应当认定为间接实行犯,因为利用者误将有责任能力者当做无责任能力者加以教唆时,尽管客观上起到了教唆的作用,但利用者与被利用者主观上不存在意思沟通和联络,二者之间没有共同的犯罪故意。② 这可谓是坚持了主观说。由此可见,论者对一种情形下的错误的处理坚持了客观说,而对另一种情形下的错误的处理坚持了主观说,立场前后不一致。我国著名学者陈兴良也认为,有关间接实行犯与教唆犯的错误的两种情形,行为人均可成立间接实行犯。例如,他认为:"在这种情况下,对行为人应以间接正犯论处,因而主观说是可取的。但在具体论证上,我们还是应该坚持主观与客观相统一的原则。也就是说,在间接正犯对被利用者发生了错误认识的情况下,利用者主观上具有利用他人犯罪的间接正犯的故意,客观上实施了利用行为,尽管其行为客观上所起的是教唆作用,也不影响行为的性质。客观说与折中说都认为应以教唆犯论处,但教唆犯的成立除未遂以外是以他与被教唆的人具有共同故意为前提的。那么,在间接正犯的认识错误的情况下,利用者与被利用者之间是否存在共同故意呢? 回答是否定的。由此可以得出结论,在间接正犯的认识错误的情况下,对利用者应以间接正犯论处,被利用者构成犯罪的,依法单独论处。"③

(二)观点分析

笔者认为无论是主观说、客观说,还是折中说均具有一定的科学性,不

---

① 马克昌:《关于共犯的比较研究》,选自《刑法论丛》,高铭暄、赵秉志主编,中国法律出版社1999 年版,第 375 页。

② 钱叶六:《间接正犯比较研究——兼论我国间接正犯的刑事立法与司法》,载《刑法问题与争鸣》第 9 辑,第 266—267 页。

③ 陈兴良:《间接正犯:以中国的立法与司法为视角》,载《法制与社会发展》2002 年第 5 期,第 11 页;邵维国:《论被利用者的行为构成犯罪与间接正犯的成立》,载《大连海事大学学报》(社会科学版)2002 年第 3 期,第 9 页。

存在哪种学说绝对更可取,在具体问题的解决中,总是会有所偏向,折中说的优越性也仅是体现在方法论上,体现了思维的全面性,但对于具体问题的解决,还必须根据研究对象本身的特点来具体确定。因而,从方法论上而言,解决间接实行犯与教唆犯之间的错误问题,应当坚持以折中说为指导原则,确定处理该错误的具体标准。同时笔者认为,既然该错误的根本问题是"两个事物的主观与客观之间的矛盾",那么就应当抓住矛盾的主要方面,即间接实行犯与教唆犯的根本差别存在于主观上还是客观上?然后以折中说的方法论进行综合权衡,即结合法律规定、法律精神及刑法基本原理等进行合理性与否的取舍。折中说认为间接实行犯的意思可以说包含有教唆犯的意思,从而间接实行犯与教唆犯的差别主要体现在客观上,从而对于以教唆犯的意思实施了相当于间接实行犯的行为,就可以认定为间接实行犯。但由于这一结论与日本法律规定"不能从一重处断"的原则相违背,而单独犯在刑事责任上重于教唆犯,从而对于以教唆犯的意思实施了相当于间接实行犯的行为者,最终还是认定为教唆犯。因此可以说,折中说从间接实行犯与教唆犯的主要差别上思考错误的处理标准,这是可取的,至于处理后的结论是否妥当,是否符合我国立法者和理论家的思维,则有进一步探讨的必要。为此,首先要解决:间接实行犯与教唆犯之间的根本差别体现在主观上还是客观上?

(三)间接实行犯与教唆犯的主要差别

由于前文已经解决了间接实行犯与教唆犯的界限,因而对于间接实行犯与教唆犯的主要差别,就只是对前文乃至全文有关间接实行犯的基本立场的一个总结。

间接实行犯与教唆犯主观上的差别较客观上的差别更大,因为间接实行犯是单独犯的故意,这种故意不仅是幕后人主观上的存在,也不仅是法律对其进行的规范判断,而是在利用行为这一客观要件上均有所体现,利用行为的功能之一就是掩藏幕后人的犯罪故意,如果被利用者在规范上不具有产生犯罪故意的可能,自然无法识别幕后人的犯罪故意,从而幕后人利用对法律规范的认识就可对被利用者隐藏自己的犯罪意思;如果被利用者在规范上具有产生犯罪故意的可能,幕后人则可能通过其利用行为制造特定的场景,如欺骗、隐瞒真相等,从而让被利用者无法认识到自己的犯罪意思,以实现其掩藏犯罪意思的意图。而教唆犯的犯罪意思属共犯的意思,教唆者不仅不掩藏,还意图将其犯罪意思传达给被教唆者,以实现意思联络。由于间接实行犯具有单独犯的故意,间接实行犯较教唆犯的主观恶性应当更严重。

至于在客观上,间接实行犯与教唆犯的差别自然也悬殊,尤其是在间接实行犯既遂的状态下,前者具有实行行为而后者却无,但导致这种差别的根本原因依然在主观上。由于行为理论未将行为限制为身体的直接的动作,而允许将身体的间接动作也视为行为,但不管是直接行为还是间接行为,其必须能够为主体的意思所支配,正由于此,才使得将被利用者的行为归属于利用者具有可能。因此,间接实行犯的主观意思为间接实行犯具有实行行为提供了可能,间接实行犯主观意思的这种功能已经超出了直接犯罪中(如教唆犯中)主观意思支配客观行为这一属性。

综上所述,间接实行犯与教唆犯的根本差别主要体现在主观上,两者故意的性质、内容及程度均不同。

(四)结　　论

由于间接实行犯与教唆犯的主要差别体现在客观上,那么,采用折中说的方法论,对于以间接实行犯的意思实施相当于教唆犯的行为,就应当成立间接实行犯;而以教唆犯的意思实施相当于间接实行犯的行为,就应当成立教唆犯。日本刑法认为间接实行犯要重于教唆犯的观念不适合于我国,我国立法依然保留着"造意为首"的观念,因此,从科学理论上思考,间接实行犯一般较教唆犯为重,但从立法现状考虑,教唆犯较实行犯(包括间接实行犯)为重。因此,笔者认为,以间接实行犯的意思实施了相当于教唆犯的行为,对于利用者,可以成立间接实行犯;而以教唆犯的意思实施了相当于间接实行犯的行为,对于利用者,可以成立教唆犯。

五、我国刑法第 29 条的规定与间接实行犯的立法

对于间接实行犯的立法,德国刑法曾有明确规定,日本刑法未予明确规定,但日本学者认为,通过法律解释,承认间接正犯概念,这与罪刑法定原则并不矛盾。[①] 至于我国,理论界和实务界皆承认间接实行犯概念,但立法却无明确规定,因此,为了更好地体现罪刑法定原则,必须思考是否要求立法补充规定,或者通过对刑法第 29 条的重新解释为间接实行犯的存在提供法律上的根据。总之,这些问题实有研究必要。之所以将间接实行犯的立法问题置于其与教唆犯的关系中研究,理由如下:

我国立法肯定教唆犯具有独立性,按照传统的弥补理论的思维,这对间

---

① ［日］大谷实:《刑法总论》,黎宏译,法律出版社 2003 年版,第 118 页。

接实行犯的存在可谓是冲击,而根据笔者的观点,它虽然不能否定间接实行犯的存在,但在与间接实行犯的存在范围上却存在联系,因此有必要确定我国刑法第 29 条能否包含间接实行犯的情形,关于教唆犯的独立性与间接实行犯的存在的问题,前文已做研究,因而在此拟对我国刑法第 29 条能否包含间接实行犯的情形进行研究。例如,有学者认为根据刑法第 29 条第 1 款的规定,教唆未满 14 周岁者犯罪也应当是教唆犯,而根据笔者的观点,这是典型的间接实行犯,因而有必要对此观点进行分析。又如,我国有学者主张我国刑法第 29 条第 2 款包含间接实行犯的规定,因此,如果立法者对间接实行犯的态度果真已在法条中体现,就无再立法的必要。概言之,间接实行犯的立法问题与我国刑法对教唆犯的规定紧密关联,因而宜在间接实行犯与教唆犯的关系中探讨,研究间接实行犯的立法问题首先必须解决,我国刑法第 29 条第 1 款能否包含间接实行犯,第 2 款是否包含了间接实行犯的预备犯。

(一)刑法第 29 条第 1 款能否包含"间接实行犯"

我国刑法第 29 条第 1 款能否包含"间接实行犯"? 此"间接实行犯"并非作为实行犯一种的间接实行犯,该问题实质为,对于间接实行犯的情形能否适用刑法第 29 条第 1 款的规定。

我国有学者对此持肯定态度,其理由为,根据我国刑法第 29 条的规定,对于"教唆不满 18 周岁的人犯罪的应当从重处罚",那么教唆不满 14 周岁的无责任能力人就应当仍然是教唆犯,并从重处罚。[①] 可见该观点实质是否定间接实行犯概念存在,否定的理由,体现了论者对刑事责任的公平性的考虑,既然教唆已满 14 周岁未满 18 周岁者犯罪,都应当从重处罚,对于教唆未满 14 周岁者犯罪,就没有理由不从重处罚,从而对其就必须适用刑法第 29 条教唆犯的规定,自然就成立教唆犯。

对于这种从刑罚的公平性上否定间接实行犯概念的见解,理论界有学者持反对态度。例如,"教唆不满 18 周岁的人从重处罚",并没有规定按教唆犯从重处罚。从重处罚与判断行为性质是两回事,将之理解为按间接正犯从重处罚才是正确的。[②] 此反对说的主要理由为,可以将"从重处罚"予以新的解释,即该款中的"从重处罚"不是指按教唆犯从重处罚,而是指按间接实行犯从重处罚。对"从重"做如此解释,笔者认为不妥,立法者对间接实行犯

---

①　宁东升、贾新征:《试论间接正犯的几个问题》,载《国家检察官学院学报》1999 年第 3 期,第 14 页。

②　宁东升、贾新征:《试论间接正犯的几个问题》,载《国家检察官学院学报》1999 年第 3 期,第 14 页。

的态度并不明确,怎能将其作为刑事责任的参考标准呢？而且间接实行犯适用基本的犯罪构成,因而"按间接实行犯从重处罚"实则为按实行犯从重处罚,这样,对于教唆已满 14 周岁未满 18 周岁犯特定的罪,对于教唆犯,在量刑上就只能结合刑法分则的规定,具体对其进行从重的权衡,从而在量刑上就体现不出立法者对教唆犯灵活处理的态度,尽管通常情况下教唆犯的刑事责任会较重;而如果按教唆犯从重处罚,首先就要确定教唆犯是主犯还是从犯,然后再从重,虽然教唆犯通常为主犯,但也可能为从犯,而如果是从犯,即使从重,其最后的刑事责任也未必就重,因而根据论者刑法第 29 条的"从重"的解释,可能会导致刑事责任的不公平,因而不妥。这种观点的出发点是要将教唆未满 14 周岁的犯罪情形,从刑法第 29 条中解脱出来,但由于其解释不合理,因而不可取。

对于利用未满 14 周岁的人犯罪,是否该适用刑法第 29 条第 1 款的规定,而从重处罚呢？答案应为否定,因为在此"被教唆者"并没有犯罪,就无所谓教唆者是起主要作用还是次要作用,从而不符合"……应当按照他在共同犯罪中所起的作用处罚……应当从重处罚"的条文的适用条件。至于能否适用第二款的规定,理解为被教唆者没有犯被教唆的罪,从而对教唆者从轻或者减轻处罚？如果这样,反对者可能更多,对于利用已满 14 周岁未满 18 周岁的人犯特定的罪,适用"应当从重处罚"的规定,而对于利用未满 14 周岁的人犯同样的罪,却适用"可以从轻或者减轻处罚",这在观念上难以接受,立法者也不会这么糊涂。因此笔者认为,即使刑法对间接实行犯没有明文规定,对于利用未满 14 周岁的人犯罪者,也不可能适用刑法第 29 条第 1 款的规定。因此,只有肯定间接实行犯概念,对此情形直接适用刑法分则的规定。

至于对教唆未满 14 周岁的人犯罪者适用刑法分则的规定,是否会与刑法第 29 条第 1 款发生冲突？笔者认为,冲突是可能的,但也没必要因此而将间接实行犯的情形纳入该条文中,也没有必要对法条的个别词语强加新意,因为前者不可能,后者不妥当。笔者认为,这一规定体现了立法者深受历代沿袭的"造意为首"观念的毒害,认为教唆犯较实行犯的性质更严重。在历史上,教唆犯的刑事责任并不确定。例如,在中世纪的德国,教唆犯被科处与正犯——至少在一系列的犯罪方面——相同的刑罚,间或也被科处更为严厉的刑罚。① 但通常情况下,实行犯较教唆犯具有更严重的社会危险性,立法者对教唆犯的态度应当说与其对间接实行犯的态度无关。概言之,笔者认为,我国刑法第 29 条第 1 款无法包含间接实行犯概念。

---

① ［德］李斯特:《德国刑法教科书》,徐久生译,法律出版社 2000 年版,第 357 页。

（二）我国刑法第 29 条第 2 款是否包含"间接实行犯"

我国刑法第 29 条第 2 款是否包含"间接实行犯"的规定？对此，必须结合该款中"被教唆者没有犯被教唆罪"的具体含义以及该款所规定的教唆犯的性质来认定。

1. 被教唆的人没有犯被教唆的罪的具体含义

对此，理论界存在如下几种解释：①被教唆人拒绝教唆犯的教唆；被教唆人虽然当时接受了教唆，但随后又打消了犯罪的意思，并未进行任何犯罪活动；被教唆人当时接受了教唆犯所教唆的犯罪，但实际上他所犯的不是教唆犯所教唆的罪；教唆犯对被教唆人进行教唆时，被教唆人已有实施该种犯罪的故意，即被教唆人实施犯罪不是教唆犯的教唆所引起，也属于被教唆人没有犯被教唆之罪的情况。① ②被教唆犯没有犯被教唆的罪包括以下情况：被教唆的人拒绝教唆犯的教唆；被教唆的人虽然接受了教唆，但并没有实施犯罪行为；被教唆的人虽然接受了教唆，但所犯之罪并非被教唆的罪；被教唆的人实施犯罪并不是教唆犯的教唆行为所致。② ③被教唆的人没有犯被教唆的罪，是指教唆行为未能使被教唆的人产生犯罪的意图或决心，或者虽然引起了被教唆的人的犯罪决意但没有实施任何行为，或者被教唆者实行的不是被教唆者教唆的犯罪。③ ④被教唆的人拒绝教唆犯的教唆；被教唆的人虽然当时接受了教唆，但并未进行犯罪活动；被教唆人当时接受了教唆，但他犯的不是教唆犯所教唆的罪；教唆犯对被教唆人进行教唆时，被教唆人已有实施该种犯罪的决意，即教唆人实施犯罪不是教唆犯的教唆引起的；被教唆者未理解教唆犯的教唆，因而没有实施犯罪行为。④

由上可知，对于"被教唆的人没有犯被教唆的罪"的具体含义，理论界在如下几方面已成共识：①被教唆的人拒绝教唆；②被教唆的人接受了教唆，但并未实施任何犯罪行为；③被教唆人接受教唆，但并未犯教唆者所教唆的罪；④被教唆者的犯罪行为不是由教唆者所引起的。而对于"被教唆的人已有犯罪意图"是否应当为被教唆的人没有犯被教唆的罪的含义之一，理论界存在分歧。但不管争议如何，从中可以发现，学者在教唆犯的问题上，对于下列两点均予以认可：①教唆行为必须是为了引起他人的犯罪行为（尽管事实上可以不引起他人的犯罪行为）；②教唆者必须具有使他人产生犯罪意图

---

① 马克昌：《犯罪通论》，武汉大学出版社 1999 年版，第 563—564 页。
② 张明楷：《刑法学》，法律出版社 1997 年版，第 308 页。
③ 何秉松：《刑法教科书》，中国法制出版社 1995 年版，第 305—306 页。
④ 张忠国、张依聪：《教唆未遂之犯罪形态探析》，载《石油大学学报》（社会科学版）2004 年第 4 期，第 84 页。

的意思(尽管事实上他人可以不产生犯罪意图),由此可见,学者事实上是认可了该款的教唆犯具有共犯的故意。至于对法条存在不同解释,此属于术语的理解问题,而与论者对教唆犯的性质的理解无关。至于被教唆者已有犯罪意图,幕后人能否成立教唆犯? 如果被教唆者的犯罪意图为教唆者所认识,则对于教唆者,就不能成立教唆犯,因为这不符合教唆犯为"造意犯"的本质,教唆者可能成立帮助犯。而如果教唆者认为被教唆者没有犯罪意图,但事实上被教唆者已有犯罪意图,就应当依据错误理论来处理,如果是教唆犯与间接实行犯之间的错误,则可以成立教唆犯。但是台湾学者认为,被教唆者已有犯罪意图,教唆者不能成立教唆犯,而可能成立间接实行犯。例如,"被教唆者在教唆行为前已有犯罪之决意,有时虽应以共同正犯或者间接正犯处理,但非教唆犯,亦非未遂教唆。"①

综上所述,我国刑法第 29 条第 2 款所规定的独立的教唆犯亦具有共犯的故意,从而应为共犯的一种。

2. 关于我国刑法第 29 条第 2 款(独立教唆犯)的性质

虽然上文通过对理论界关于"被教唆者没有犯被教唆的罪"的含义的阐释,得出在教唆犯具有独立性时其依然具有共犯性的结论。但是围绕该款教唆犯的性质,理论界却还是展开了相当程度的争议。具体而言,主要存在下列几种学说:①独立教唆犯说。它与第 1 款性质不同,不应当规定在同一条文中,而应当将其在刑法分则中加以规定,可以表述为"第×××条教唆他人犯罪后,被教唆者没有犯被教唆的罪的,是独立教唆罪,处三年以下有期徒刑、拘役或者管制;情节严重的,处三年以上七年以下有期徒刑。本法另有规定的,依照规定处罚。"②②既遂说。我国刑法规定的教唆犯具有行为犯的特征,被教唆者是否犯被教唆的罪,对社会的危害程度如何,教唆者是否力图防止或减轻实行犯的实行行为对社会的危害意义,都只能作为量刑情节,只能影响教唆犯的量刑,而不能影响其定罪。③ ③未遂教唆说。我国刑法第 29 条是立法者在明晰教唆未遂和未遂教唆之后所做出的法律选择,在被教唆犯开始实施犯罪行为而未完成犯罪的情况下,教唆犯构成教唆未遂,应该按照刑法第 23 条的规定进行处理;而在被教唆犯没有实施所教唆的罪的情况下,教唆犯作为未遂教唆,按照刑法第 29 条第 2 款专门设定的处罚

---

① 陈朴生、洪福增:《刑法总则》,台湾五南图书出版公司 1982 年版,第 261 页。
② 郝守才:《论独立教唆犯》,载《河南社会科学学报》(哲学社会科学版)2002 年第 5 期,第 34—35 页。
③ 黄征、周铭川:《对"教唆未遂"的思考》,载《湖南政法干部管理学院学报》(综合版)2002 年第 1 期,第 8—9 页。

原则处遇。① ④预备说。根据共犯从属理论,教唆犯从属于实行犯,教唆行为从属于实行行为,既然被教唆者没有着手实行犯罪,而着手实行是划分预备与未遂的标志,因而教唆犯处于犯罪的预备阶段。② ⑤未遂说。教唆他人犯罪这一行为已经终了,只是由于行为人意志以外的原因,教唆者预期的危害结果或犯罪目的没有达到,完全符合犯罪未遂的特征,而且在被教唆者没有犯被教唆的犯罪的情况下,其处罚原则与未遂的处罚原则相似,所以教唆犯处于犯罪未遂的阶段。③

　　对此,笔者认为,在刑法分则中规定独立教唆罪的做法不可取,因为该款教唆犯侵犯的犯罪客体并不特定,要认定其客体必须结合教唆者教唆的内容来认定,而要认定教唆的具体内容就离不开对被教唆者主观上是否存在该种犯罪意图的考虑,因而该款使教唆犯无论如何脱不了其共犯性。而既遂说没有意义,在教唆犯中,找不出与此相对的未遂或者预备等犯罪形态。未遂教唆说,实则为未遂说,台湾许多学者即采用该观点,但笔者认为,未遂必须有实行的着手,教唆行为很难说具有侵害法益的现实危险性,从而未遂说也不可。因此,笔者认为,该款教唆犯应具有预备的性质,但它与单独犯的预备犯不同,它具有共犯性,它是对刑法第 29 条第 1 款在犯罪形态上的修正,从而是对刑法分则的第二次修正。概言之,我国刑法第 29 条第 2 款既具有共犯性,亦具有预备性,体现为共犯的预备形态,因此,立法者将其规定在总则中实为科学之举。至于这种共犯式的预备犯的刑事责任,较之单独犯的预备犯,刑法规定更重,其理由与刑法第 29 条第 2 款的规定相同,均可以从"教唆为首"的观念中找到根据。

　　综上所述,对于我国刑法第 29 条第 2 款,无论是对术语的解释,还是对该款性质的理解,均体现出教唆犯具有共犯的性质,虽然其犯罪的成立可以不依赖于被教唆者的行为,但也离不开被教唆者,如果教唆者不是认识到被教唆者没有犯罪意思,如果不是意图引起被教唆者的犯罪意思,如果不是意图引起被教唆者实施行为,该款教唆犯就不能成立。这从一个侧面说明,虽然我国刑法规定了教唆犯具有独立性,但也是基于其共犯性而做出的规定,因而该款无法包含作为单独犯的间接实行犯的情形。

----

① 郭园园:《论教唆未遂与未遂教唆》,载《现代法学》2003 年第 6 期,第 76—77 页。
② 黄征、周铭川:《对"教唆未遂"的思考》,载《湖南政法干部管理学院学报》(综合版)2002 年第 1 期,第 8 页。
③ 黄征、周铭川:《对"教唆未遂"的思考》,载《湖南政法干部管理学院学报》(综合版)2002 年第 1 期,第 8 页。

3. 我国刑法第 29 条第 2 款是否体现了对间接实行犯的立法

我国刑法第 29 条第 2 款规定的教唆犯具有共犯性,因而不能包含间接实行犯的情形。但是不久前,我国刑法界出现了一种新型的观点,认为刑法第 29 条第 1 款为对狭义教唆犯的规定,而第 2 款则为对间接实行犯的规定,同时为间接实行犯的未遂。① 其主张理由如下:①在存在论上,间接实行犯完全可以教唆的方式实施;②在学说史上,曾有相当多的学者将间接实行犯当做教唆犯来对待;③现在仍有国家的刑法明文规定,如韩国刑法第 33 条;④立法者透彻地认识到间接实行犯大多具有教唆犯的外形之一面,才在广义教唆犯中加以规定;⑤我国学者之所以强调我国刑法完全没有规定间接实行犯,一方面在于形式地理解法条的内容,另一方面与刑法没有规定"正犯"的概念有关;根据分工划分出来的教唆犯在我国的共犯人体系当中只是一个补充,是特殊的一部分,所以立法者当初很可能根本就不是在狭义的意义上使用教唆犯,而是把和教唆犯联系极其紧密的间接实行犯也包括在其中。②

论者的前四个理由实质上是在否定间接实行犯概念的存在,而第五个理由实为对我国学者对间接实行犯的理解及我国刑法对教唆犯的规定发生了错误认识。虽然我国刑法无正犯概念,但学者对"间接正犯"的概念并不排斥。事实上,只要考虑到间接实行犯为单独犯,而具有独立性的教唆犯亦为共犯,就可以理解,立法者不可能在一个条文中既规定单独犯又规定共犯,因而认为我国刑法第 29 条第 2 款不包含间接实行犯的规定,这就不是对法条做形式上的理解。而且,论者认为该款为立法对间接实行犯未遂的规定,这样用从轻或者减轻处罚是合理的。③ 立法者怎么可能只规定间接实行犯的"未遂"(笔者认为是预备),而不规定其完全形态呢? 如果说间接实行犯的未遂极其重要,又为何要将其穿插在教唆犯的规定中呢? 因此,认为我国刑法第 29 条第 2 款包含了间接实行犯的内容,这是不能成立的。

因此,对于刑法第 29 条第 2 款所规定的教唆犯,笔者认为,它依然为共犯,它是以共犯的故意实施了单独犯的行为,因而与单独犯的预备不同,为此有必要分别加以规定,因而该款的存在是对间接实行犯与教唆犯两者具有不同性质的最好说明。独立教唆犯可谓是从共犯中析出来的单独犯,但其性质依然为共犯,而间接实行犯概念虽然发源于共犯,但其却具有单独犯的性质。

① 何庆仁:《我国刑法中教唆犯的两种含义》,载《法学研究》2004 年第 5 期,第 56 页。
② 何仁庆:《我国刑法中教唆犯的两种涵义》,载《法学研究》2004 年第 5 期,第 53、55、56 页。
③ 何仁庆:《我国刑法中教唆犯的两种涵义》,载《法学研究》2004 年第 5 期,第 56 页。

综前所述,我国刑法第 29 条第 1 款与第 2 款均不能包含间接实行犯的内容,教唆犯为共犯,即使在教唆犯的独立性下,也是如此,而间接实行犯却为单独犯,不具有丝毫的共犯性。因而要严格贯彻罪刑法定原则,就有必要在刑法总则中对间接实行犯做出规定。

第三节　间接实行犯与片面帮助犯

对于片面从犯或片面帮助犯的概念,无论在日本刑法学中还是我国刑法理论中,一般皆予以承认,笔者支持这种观点。由于肯定片面帮助犯,而其与间接实行犯在形式上具有相似性,在两种犯罪中,均存在掩藏自己犯罪意思的幕后人,而且均存在利用“他人行为”的特点。因此,必须就两者的界限予以研究。此外,我国有学者主张消除片面共犯的概念,将其融解在间接实行犯的概念之中,此观点是否合理也有待阐明。

一、间接实行犯与片面帮助犯的界限

片面共犯是指“共同行为人的一方有与他人共同实施犯罪的意思,并协力于他人的犯罪行为,但他人却不知其给予协力,因而缺乏共同犯罪故意的情况。”①片面帮助犯与间接实行犯的具体区分如下。

(一)主 观 上

在主观上,间接实行犯与片面帮助犯,在故意的性质与内容上均存在差别。

1. 两者故意的性质不同

间接实行犯的故意为单独犯的故意,而片面帮助犯的故意为共犯的故意,即帮助他人犯罪的故意。

2. 故意的内容不同

由于间接实行犯中的故意为单独犯的故意,因而要求其认识到被利用者不存在犯罪故意,或者存在犯罪故意但不具有高于自己犯罪意思的故意;同时,由于片面帮助犯的故意为共犯的故意,根据犯罪共同说的观点,其故意应与实行犯的故意为同一性质。因此,片面帮助犯的故意中意识因素为行为人认识到实行犯具有与自己同样的故意。

---

① 何畔:《片面共犯理论问题研究》,载《郑州轻工业学院学报》(社会科学版)2004 年第 1 期。

(二)客 观 上

在客观上,间接实行犯与片面帮助犯的行为构造不同。

1. 实行犯的行为与幕后人的关系不同

在间接实行犯中,实行犯的行为必须由幕后人所引起,因而存在利用行为,而且利用行为直接作用于被利用者;而对于片面帮助犯,在行为上却不存在此要求。

2. 利用行为的性质不同

间接实行犯的利用行为,同时具有掩藏幕后人犯罪意思的功能。对于片面帮助犯,即使是在实行行为之前实施的帮助,甚至实行犯的行为可由其帮助行为所引起,但这种"引起行为"也不具有间接实行犯中的利用行为的特点。

二、片面共犯的融解问题

我国有学者主张消解片面共犯的概念,而将其融解在间接实行犯的概念之中。例如,可以废除片面共犯的概念,而直接将其认定为间接实行犯。[①] 又如,可以拓展间接实行犯的外延,从而将片面帮助犯、片面教唆犯适用间接实行犯理论,而将片面实行犯直接适用刑法分则的规定。[②] 甲明知乙要盗窃丙家的财物,暗中将丙家的门锁弄坏,致其门虚掩,乙顺利将丙家中贵重财物窃得,该案中,甲只能为从犯,而不知情的乙无法成立主犯,在共同犯罪中,有从犯而无主犯的现象令人困惑。片面共犯不属于共同犯罪,而与一般单个人犯罪又具有显著不同的特定,因而可以拓展间接实行犯的外延,以间接实行犯的概念含括该种情形。[③]

笔者认为,该观点认为片面共犯不属共同犯罪,这不可谓存在严重的错误,但因此拓展间接实行犯概念,理由却欠充分。而且论者一方面要拓展间接实行犯概念,主张凡是不成立共犯者,皆可以间接实行犯处理;另一方面在具体例证时,却又强调只能将幕后居于主控地位者视为间接实行犯。[④] 这种观点自相矛盾,笔者认为间接实行犯不能任意拓展,只能将对犯罪起主控地位的幕后者认定为间接实行犯。

---

① 肖中华:《片面共犯与间接正犯观念的破与立》,载《云南法学》2000 年第 3 期;张明楷:《犯罪论原理》,武汉大学出版社 1991 年版。
② 聂立泽、苑民丽:《片面共犯评析》,载《河南政法管理干部学院学报》2003 年第 6 期,第 44—45 页。
③ 肖中华:《片面共犯与间接正犯观念的破与立》,载《云南法学》2000 年第 3 期,第 49 页。
④ 肖中华:《片面共犯与间接正犯观念的破与立》,载《云南法学》2000 年第 3 期,第 53 页。

第六章 美国刑法中"被利用的实行犯"[①]

前述均为以大陆法系为理论基础对我国间接实行犯的理论解析与构建。长期以来,间接正犯被认为是大陆法系独有的理论,因而学术界对英美法中相关理论关注不够,研究甚少,因而本书拟在此领域进行探索,以深化今后对间接实行犯研究的论题。

美国《模范刑法典》[②]2.06(2),a 规定,"引起一个无辜(innocent),或者不需要负责任者(irresponsible),从事犯罪所必须的该受刑罚惩罚(culpable)的行为,他就应为这个人的行为承担法律上的责任……"。此外,美国大多数的州立刑法典,均规定"利用无辜者实现犯罪者为主犯"。美国刑法[③]将此类法律中包含的原理,称为"被利用的实行犯"。何为"被利用的实行犯"?美国刑法并未予明确界定,但考察其使用场合,并结合其立法规定,却能将此问题探明。学者和司法界,通常在两种场合使用"被利用的实行犯":利用者[④]与责任原则。从而,"被利用的实行犯"应具有两种含义:①在利用者之语境,被利用的实行犯,指利用无罪之实行犯[⑤]实现犯罪的犯罪者。显然,此

---

① 美国刑法中的"perpetrator by means"之中文含义,还未见诸学界,笔者认为"by means"应当为"perpetrator"之修饰语,从而可直译为"被利用的实行犯"。

② 《模范刑法典》(Modern Penal Code,简称 MPC)为 1962 年美国法律协会所制定,它虽不具有官方性质,但其中许多条文都成为美国各州制定刑法典的参照甚至依据。

③ "美国刑法"译自"criminal law"。必须注意,美国既存"criminal law",又存在"criminology",要了解犯罪构成、刑罚的基本理论等问题,必须查阅前者;而要获悉有关犯罪预防、刑事政策等知识,则必须研究后者。从而上述两概念,分别相当于我国的"刑法学"与"犯罪学"。此外,还需注意,不能将"criminal law"理解为"刑法典",美国称"刑法典"为"penal code"。

④ 美国刑法不存在"利用者"之概念,而直接使用"被利用的实行犯",有时则以"帮助犯"或者"从犯"来替代,本文采用"利用者"的表述,是为理解上方便。帮助犯(aider and abettor)之外延与从犯同,除实行犯(perpetrator)、教唆犯(solicitor)、共谋犯(conspiracy)之外的共犯人皆可称帮助犯,从而较我国刑法中的帮助犯外延要广。

⑤ "无罪之实行犯"并非矛盾术语,因为在美国刑法中,立法和理论界对实行犯的理解,并非要求其一定构成犯罪。概念形式意义较浓,包括主犯、从犯、帮助犯、共犯等概念,并非一定要成立犯罪。另外,美国刑法的实行犯(perpetrator),是指在犯罪现场亲手实施犯罪行为之人。

理解与大陆法系对间接正犯的认识,在出发点上相同;①②在责任原则之语境,"被利用的实行犯"②,指利用无罪的实行犯实现犯罪者,应当构成犯罪,且承担主犯③之责任。④ 本书兼采上述两种理解。

美国刑法的"被利用的实行犯",在概念上,相当于英国刑法的"无罪代理人原则"⑤,德日刑法的"间接正犯"。但三者成立条件不同,适用范围亦相异。因此,对三者进行比较研究确有必要;但将其混为一谈却极为不妥。"被利用的实行犯"产生的理论基础及性质,被利用的实行犯之基本特征,身份与被利用的实行犯之间的关系等都需要深入研究。

"被利用的实行犯"的历史,可以追溯到普通法传统。但美国学者,并未进行此种追溯,而是直接依据法律规定和法院的裁判理由,来阐明有关"被利用的实行犯"的具体观点。而法院的裁判理由,亦并非唯先例马首是瞻。之所以如此,因为:①适用"被利用的实行犯"已具有法律依据,且美国现代刑法亦存在罪刑法定⑥;⑦②"审判诉诸具体的理由,可以使普通法与社会道德保持一致,因为大部分具体理由,在日常生活中都可以找到模本。"⑧因此,笔者认为,承认"被利用的实行犯",在历史上的存在事实,就已经足够;而再

---

① 我国学者认为,大陆法系是从利用者的角度,来定义间接正犯;而英美法系是从被利用者的角度,来界定无罪代理人原则。笔者认为,前半部分合理,后半部分,对英国刑法的见解,也是科学。但由于对美国刑法缺乏理解,此论犯下两个大错:第一个错,文章标题已表明,美国刑法不存在"无罪代理人原则",而称为"被利用的实行犯";第二个错,根源于前一错误,被利用的实行犯,并非指被利用之人,而是指利用之人。

② 在责任原则的语境,美国刑法有时候也使用"doctrine of perpetrator by means",用汉语可表述为"被利用的实行犯学说",但此用语使用极少,通常均是以被利用的实行犯(perpetrator by means)来代替,因此本书采用通常的用法,仅使用"被利用的实行犯"一个概念,但用其来表达两种语境。

③ 在美国现代刑法中,在立法上,所有的犯罪人皆为主犯;但在司法实践中,普通法对主犯与从犯分类的观念仍然存在,但主要从形式上来理解概念,在犯罪现场实施帮助行为者,已作为从犯。因而现代刑法的主犯,仅包括实行犯、建构性主犯。在此,将被利用的实行犯作为主犯,此种主犯显然不属于上述任何一种主犯概念,实际上,被利用的实行犯是从犯,只是作为主犯来处理,后文将解读这种主犯性。

④ John Kaplan,Robert Weisberg, *Criminal Law*: *cases and materials*,Boston: Little, Brown and Company,1986,p. 617.

⑤ 无罪代理人原则为国内学者对英国"rule of innocent agent"的翻译,是否科学还存有疑问,但此书重点研究的是美国刑法,因而不拟赘述,而暂借用我国学界这一用语。

⑥ "罪刑法定"译自美国刑法中的"no crime without a law, no punishment without a law"。美国刑法在此未使用"原则"(principle)、"学说"(doctrine)等之类的概念,事实上,美国刑法对于许多原理,皆不喜欢使用"doctrine"等来表述,如"被利用的实行犯"就是如此。因此,本文对罪刑法定也没带上"原则"之类的头衔。

⑦ John Kaplan, Robert Weisberg, Guyora Binder,*Criminal Law*:*cases and materials*,4th Edition, Citic Publishing House, 2003, 7, p. 111.

⑧ Robert S Summer, *The Jurisprudence of Law's Form and Substance Aidershot llampshire*, England ,bookfield VT: Ashgate/Dartmouth c. 2000 ,p. 786.

增加"历史溯源",则徒增繁琐而无实际价值。因此,本书立足于美国现代刑法以解读"被利用的实行犯",此并非"视野狭隘";而通过此视野下的解读,从整体上领悟"被利用的实行犯"的真谛,从而实现研究的目的,此亦是可能。

第一节 被利用的实行犯产生的理论基础及性质

"被利用的实行犯",具有责任原则的语境,作为责任原则,其自然是解决从犯[①]为何和如何承担责任的原理;而解决此问题者,除"被利用的实行犯"外,另有从犯责任原则[②]。而且,从犯责任原则为正统的共犯责任原则[③],因此,被利用的实行犯,在理论上是否有存在之必要,取决于前者。另外,被利用的实行犯,与从犯责任原则,均以从犯概念的存在为逻辑前提。为此,笔者在此标题下的解读,必须以从犯概念为出发点。从而,解读的思维路径为,由从犯概念的存在,进入从犯责任原则的功能,再进入从犯责任原则功能的不足,最后至被利用的实行犯之产生。

一、从犯概念之存在及主犯与从犯区分之必要[④]

应当承认,从犯概念在立法上已经废除,这是事实。因为,在《模范刑法典》立法改革之浪潮下,美国大部分州立刑法典,已经将普通法中的一级主犯[⑤]、二级主犯[⑥]、事前从犯[⑦],统称主犯(principal)。[⑧]

---

① 美国现代刑事立法,保留了普通法中的事后从犯的概念,但一般均将其作为单独的犯罪来处理,因此,本文所言的从犯,概不包括事后从犯;同时,从犯的外延,包括普通法的二级主犯和事前从犯。

② "从犯责任原则"(accessorial liability)亦称"派生责任原则"(derivative liability)或"共犯责任原则"(accomplice liability),三者仅具有概念变迁上的差别,因此,可以替换使用。

③ 从犯责任原则亦可直接称为共犯责任原则。

④ 从犯概念的存在与否,与主犯和从犯是否有区分必要密切关联,后者决定前者。因此探讨前者决不能回避后者,但本书不拟在这种决定关系上费笔墨,但亦希望能对此意味表明,因而将两者同时予以解读,以实现此意味不言自明之意旨。

⑤ 普通法的一级主犯,仅存在重罪之中,指在犯罪现场,亲自实施犯罪行为的人。

⑥ 普通法的二级主犯,亦仅存在重罪之中,包括在犯罪现场,实施了帮助行为的人,以及在犯罪现场,未亲自实施任何犯罪行为的人。

⑦ 普通法的事前从犯必须具备两个条件:其一,犯罪发生时,必须不在现场;其二,必须实施了帮助行为。

⑧ Sanford H Kadish, Stephen J Schulhofer, *Criminal Law and Its Process*, Little Brown and Company, 1989, p. 678.

而主犯和从犯,在司法程序上不再有差别,这也是事实。因为,司法实践中,法院可能逾越普通法理论建构的雷池,从而允许事前从犯,在没有主犯的情况下,也可以接受审判和制裁。① 而且,取消主犯与从犯,在司法程序上的差别,此亦是合理。因为,"事前从犯②很有可能是操纵犯罪之首脑,因此拒绝普通法的分类,看起来是合理的。"③概言之,在美国现代刑法中,从犯概念在立法上,已经被废除;主犯与从犯在司法程序中,已无区分之必要。

但是,从犯概念在实质上的保留,亦是事实;主犯与从犯,在成立犯罪之实体问题上,也有区分之必要。因为:①在司法实践中,共犯概念(accomplice)④,常常作为实行犯之外的主犯在使用;⑤②尽管立法区分主犯从犯,在当代刑法中没有意义,但普通法中的这些术语,仍然用来描述一个人对犯罪有责的形式⑥。⑦ 上述其一表明,从犯概念,在司法实践中,依然被使用;上述其二证明,主犯和从犯,在如何构成犯罪上,仍然有区分之必要。显然,从犯概念在实质上仍存在;与上文论述的从犯概念在立法上被废除,并不矛盾。而主犯与从犯,在确定犯罪能否成立的实体问题上,有区分之必要;这与上文证明的,主犯与从犯,在司法程序上已无区别也相协调。而且,两对看似矛盾的命题,揭示了从犯概念的存在"特色"——从犯具有"矛盾"的存在性。从犯这一矛盾的存在性说明,主犯和从犯在追究责任的程序上以及在具体责任的程度上,无区分的必要,但在责任的形式上,即为何构成犯罪的问题上,却必须区分。为此,美国学者普遍感慨,"虽然主犯与从犯在形式上废除了,但认定从犯为何构成犯罪却依然是很困难的事情。"⑧

二、从犯责任原则之功能

由上可知,在美国现代刑法中,不但存在从犯概念,而且从犯为何构成

---

① Joshua Dressler, *Cases and Materials on Criminal Law*, WEST PUBLISHING CO. ST. PAUL, MINN, 1994, P. 789.

② 在普通法中,即使是犯罪首脑,也可能仅成立事前从犯,从而者主犯不被起诉,或被免责,则其亦不能受追究或者不能构成犯罪。

③ Arnold H Loewy, *Criminal Law*, 4th Edition, Law Press China,2004,1. P. 246.

④ "共犯"为美国现代刑法的用语,具有从犯的意义。

⑤ Joel Samaha,*Criminal Law*, 7th Edition, Belmont, CA: Wadsworth /Thomson Learning, 2002, p. 147.

⑥ "对犯罪有责的形式",也并非指实体的刑事责任如何,而是指"为何需要承担刑事责任",即"为何构成犯罪"。在为何构成犯罪的问题上,主犯和从犯是有区别的,简言之,主犯因自己的行为而构成犯罪;从犯因主犯的行为而构成犯罪。

⑦ David T Skelton,*Contemporary Criminal Law*, Butterworth-Heinemann,1998, p. 255.

⑧ Joshua Dressler, *Cases and Materials on Criminal Law*, West publishing co. St. Paul. Minn, 1994,p. 791.

犯罪,亦为难题。"从犯责任原则",即是解决此难题的理论。至于从犯责任原则,具体如何解决此难题,此不为本书所关注。在此,急需解读的问题为,从犯责任原则具有何功能? 或者说,从犯责任原则的适用范围如何? 亦可以说,从犯责任原则的适用前提为何? 此类问题事关"被利用的实行犯"之生死!

"从犯责任原则",指从犯不因为自己实施了具体的违法行为,①而是由于被帮助的实行犯,实施了具体的违法行为而成立犯罪。② 由此可见,"被帮助的实行犯实施了具体的违法行为",是适用从犯责任原则的前提条件。但"具体的违法行为不明确",为此可分述如下:①犯罪无疑是"具体的违法行为"的一种。从而实行犯构成犯罪,应当可以对从犯适用从犯责任原则。而根据美国的犯罪构成理论,实行犯构成犯罪,必须要求实行犯具有犯罪意图(mens rea)③,并实施了犯罪行为(actus reus)④,而且无辩护事由(defense)。②实行犯,虽未至犯罪,但却在自己之犯罪意图的支配下,实施了具体的犯罪行为(由于存在辩护事由而不成立犯罪),对于从犯,能否适用从犯责任原则? 答案应为肯定,因为,"……共犯通常取决于其他人犯罪行为之出现,但却不管他人是否因这种行为而受处罚。"⑤③实行犯,不仅未至犯罪,且缺少犯罪意图等,因而完全无辜,能否适用从犯责任原则? 答案应为否定,因为,如果在此种主犯完全无辜的情况下,以"共犯责任"来追究,将令人不大舒服。⑥ 综上所述,实行犯具备第一层次的犯罪构成⑦,且不构成犯罪,对于适

---

① 必须申明,"不因为自己实施了具体的违法行为而犯罪",并非指,从犯可以不具有自己的犯罪行为和犯罪心理状态,相反,这些均为法庭必须查明的犯罪要素。Richard G Singer, John Q La Fond, *Criminal Law*,2th Edition, China Fangzheng Press,2003,P. 337.

② Joshua Dressler,*Cases and Materials on Criminal Law*,West publishing Co. St. Paul. Minn,1994,p. 791.

③ "犯罪意图"为我国学者对"mens rea"的翻译,相当于大陆法系刑法理论的"罪过"。

④ "犯罪行为"是我国学者对"actus reus"的汉译,笔者对翻译未有异议,但将其理解成"犯罪中的故意行为要件",观点见 Richard G Singer,John Q La Fond, *Criminal Law*(第二版)(王秀梅、杜晓君、周彩云注),中国方正出版社 2003 年版,p.35。笔者认为,这是对自愿性的行为(voluntary act)的误解。在美国刑法中,"voluntary"为一切犯罪所必须的要件(John Kaplan, Robot Weisberg ,Guyora Binder,*Criminal Law*(*cases and materials*),4th Edition,CITIC PUBLISH HOUSE,2003,7. p. 111.)因此,犯罪行为(actus reus)并不是故意犯罪所独有。从而犯罪行为,类似于我国刑法理论中的"刑法中的行为"的概念,这种行为,必须受着意志的支配。

⑤ John Kaplan, Robot Weisberg ,Guyora Binder,*Criminal Law*(*cases and materials*),4th Edition,CITIC PUBLISH HOUSE,2003,7. p. 821.

⑥ John Kaplan,Robert Weisberg,*Criminal Law*(*cases and materials*),Boston: Little, Brown and Company,1986,p. 617.

⑦ 此为我国学者的用语,第一层次的犯罪构成,包括犯罪心理状态(mens rea)及犯罪行为(actus reus)。

用从犯责任原则而言,已是足够;而实行犯具备犯罪构成的所有条件,且成立犯罪,对于适用从犯责任原则而言,也不为"过";但实行犯不具备第一层次之犯罪构成,即完全无辜,对于适用从犯责任而言,则决不可能! 因此,从犯责任原则能够解决,在主犯具有第一层次的犯罪构成之情形下,从犯如何构成犯罪之问题,此为从犯责任原则之功能,同时体现了其适用范围,并表明了其适用前提。

三、被利用的实行犯之产生及意义

由上可知,从犯责任原则,在实行犯完全无辜时,暴露了其功能上的不足。从而为其他责任原则发起挑战,提供了契机。美国学者认为,"作为派生责任之共犯理论面临两个严重的挑战,其中之一①即为,犯罪行为之引起者完全控制着现场无罪者之行为,如小孩,错误下之行为,行为时之精神病人等……"②此挑战表明,从犯责任原则,急需一个能与"无辜者"相"默契"的责任原则来补足。被利用的实行犯由此应运而生。从而,从犯责任原则,即为被利用的实行犯产生的理论基础;从犯责任原则功能之不足,为被利用的实行犯产生的条件。此理论基础及条件决定了"被利用的实行犯"存在上的宿命,"被利用的实行犯"在某种程度上具有弥补司法空隙(stop-gap)的功能。③ 被利用的实行犯,存在上的宿命即为其存在之意义。

四、被利用的实行犯之性质

如前所说,被利用的实行犯,为解决从犯为何构成犯罪的责任原则,这显然是根据责任原则的语境而做的理解;那么,换之以"利用者之语境",被利用的实行犯具有从犯性,应当是理所当然的。但事实上,在美国现代刑法中,无论是学者,还是司法界,均将"被利用的实行犯"直接认定为主犯,而且在措辞上均使用"适用帮助犯直接构成主犯的原理"之类的表述,以此推断,"被利用的实行犯"应具有主犯性。那么被利用的实行犯,理所当然的从犯性与其事实上的主犯性是否矛盾呢?

---

① 派生责任的另一个挑战者为代理责任原则(vicarious liability),如父母为未成年子女、雇主为雇员之行为承担责任等情形,但此并非共犯责任原理,因而既不能冲淡被利用的实行犯之意义,亦不能与被利用的实行犯相提并论。

② Fletcher, George P, *Basic Concept of Criminal Law*, New York :Oxford University Press, 1998, p. 197.

③ Fletcher, George P, *Basic Concept of Criminal Law*, New York :Oxford University Press, 1998, p. 198.

美国学者认为,"被利用的实行犯",是"主犯无罪,共犯有罪,从而这种共犯作为自己之主犯而被追究刑事责任"[①]。由此可见,被利用的实行犯的主犯性的特点为,实质是共犯(从犯),但又视为"自己之主犯"。因而可以说,被利用的实行犯的确具有"矛盾"的主犯性,此"矛盾"表现为,形式与实质相分离。但这种矛盾却是既合理又必要的!其"合理"在于,将被利用的实行犯理解为共犯,其才可能具有弥补共犯责任之不足的功能,从而使其存在具有合理性。"必要"在于,将被利用的实行犯视为主犯,由于是自己之主犯,从而能使其脱离与从犯之间的纠缠,摆脱与主犯之间的纷争,同时避免了证明上的难题。难怪美国学者对被利用的实行犯的主犯性从不加证明,亦未予怀疑。可见,被利用的实行犯这种矛盾的主犯性,与前述从犯具有矛盾的存在性,颇为相似,不仅相似,而且实质的原理相同。此矛盾可谓意味深长,值得笔者在文章结尾予以再解读。被利用的实行犯具有"从犯意义的"主犯性,此为被利用的实行犯之性质。

第二节 "被利用的实行犯"之基本特征

根据美国刑法的特色,同时结合我国学者的思维习惯,下文以法院的裁判理由为依据,以学者的具体观点为基础,从主客观分类的角度,解读被利用的实行犯之基本特征。

一、客观特征

(一)适用范围

由于被利用的实行犯,为弥补从犯责任的不足的责任原理,因此,前者的适用范围,应为后者所不能及的场合。而后者的适用前提,前文已言,为实行犯至少具备第一层次的犯罪构成。从而被利用的实行犯,理所当然的适用场合之一,为实行犯缺少犯罪心理状态的情形。但除此以外,在实行犯具有辩护事由[②]时,亦有成立被利用的实行犯的可能,必须申明,此情形下可

[①] Stevon L Emanual, *Criminal Law*, CRITIC PUBLISH HOUSE, 2003, P. 21.

[②] 美国刑法之辩护事由(defense),整体上可以分为两大类,我国学者称之为"可得宽恕"(excuse)与"正当理由(justification),Richard G Singer,John Q La Fond,*Criminal Law*(第二版)(王秀梅、杜晓君、周彩云注),中国方正出版社 2003 年版,第 368 页。对于两大辩护事由各自的外延,美国刑法争议很大,而且对于辩护事由是否需要区分为上述两大类,美国刑法界存在肯定与否定两种对立的观点。本书不予赘述。

以成立被利用的实行犯,与其具有弥补从犯责任原则的功能并不矛盾。被利用的实行犯的弥补功能,应当立足于从犯责任原则,即如果实行犯不具备第一层次的犯罪构成,则决不可能适用从犯责任原则。

1. 场合之一,实行犯缺少犯罪心理状态

对此,实务界和理论界,均普遍认为可以成立被利用的实行犯,此类判例甚多,如 Muni v. U. S, 668F. 2d 87 (1987), v. Sadacca, 128 Misc. 2d 494, 489 New York, 2d 824(1985)及 U. S. v BRYAN, 438 F. 2d 88(3d Cir. 1973)等。法院的裁判理由均认可,实行犯虽然缺少犯罪心理状态,但只要实行犯有行为,而且帮助犯有犯罪故意,就足够让帮助犯承担责任,从而适用帮助犯实际上成立主犯的原则。对此类判决,学者亦认为,是对一个广为接受的原则的运用,即可以通过一个无罪行为人的行为实行犯罪。[①]

2. 场合之二,实行犯不具有责任能力

从被利用的实行犯与从犯责任原则的适用范围互补的角度而言,实行犯具有辩护事由,应当属于从犯责任处理的问题,但普通法的传统理论即认为,如果被利用的实行犯缺乏责任(irresponsible),对帮助犯亦可以成立被利用的实行犯。而且,此论断在美国现代刑法中亦获得广泛认可。[②]

3. 场合之三,实行犯具有正当理由[③]

传统的普通法理论认为,帮助一个具有"正当理由"的行为(如自我防卫,紧急避险等)不构成犯罪。[④] 但是有案例认为,如果具有正当理由的行为,是由一个具有犯罪心理状态的行为人所引起,则引起者亦可以成立"被利用的实行犯",如 Cole. V. United States, 329 F. 2D 437, 439-440(9th Cir 1964)案就是证明。

当然,有学者,将上述场合之一及之二视为同一。甚至有立法亦对此表示认可,如纽约州和特拉华州的刑法典。[⑤] 但此观点是出于对辩护事由的"可宽恕的理由"(excuse)与"正当行为"(justification),无须加以区分考虑,对具体辩护事由不做具体区分的观点,为美国多数学者所反对,在此不再论述。因而,有必要将被利用的实行犯的适用前提概括为,实行犯缺少犯罪心

---

① Stevon L Emanual, *Criminal Law*, CITIC PUBLISH HOUSE, 2003, p. 218.

② John Kaplan, Robot Weisberg, Guyora Binder, *Criminal Law(cases and materials)*, 4th Edition, CITIC PUBLISH HOUSE, 2003, 7. p. 880.

③ "正当理由"是我国学者对美国刑法中的"justification"的汉译。

④ Joshua Dresser, *Cases and Materials on Criminal Law*, West publishing Co. ST. PAUL MINN, 1994, p. 829.

⑤ John Kaplan, Robot Weisberg, Guyora Binder, *Criminal Law(cases and materials)*, 4th Edition, CITIC PUBLISH HOUSE, 2003, 7. p. 881.

理状态;实行犯不具有责任能力;实行犯具有正当行为的三种场合。如此,则欲在被利用的实行犯的适用前提上,将被利用的实行犯,与从犯责任原则区分开来,已属不可能。但将此适用前提作为被利用的实行犯的特征却应当予以肯定。为此,有必要在此前提下,继续探讨被利用的实行犯的其他特征。

(二)因果关系

被利用的实行犯要求,帮助犯的利用行为,必须是犯罪结果发生的最近的原因(approximate cause),即帮助犯的行为与犯罪结果之间必须具有最近原因的因果关系。所谓"最近原因的因果关系",是指不仅在客观上,帮助犯的行为是实行犯之行为的条件(but for),而且在主观上,帮助犯对于前一客观因果关系亦具有认识。[①] 但是必须注意,在美国刑法中[②],尽管被利用的实行犯的成立,必须要求具有此种因果关系,但帮助犯的行为与犯罪结果之间具有最近原因的因果关系却并非一定能推断出,行为人成立被利用的实行犯。因为,以因果关系来认定"被利用的实行犯",将使该概念处于危险的境地。例如,在自我防卫中,如果没有帮助犯的行为,被防卫者不能将攻击者致死,帮助犯的行为与死亡结果之间,是否也能认定为存在最近原因的因果关系,从而承认为"被利用的实行犯"呢?[③] 又如 Statev. Simplot, 180 Wsic. 383,509 N. W,2D 383(1993)案等,学者虽然认为,被告行为与结果之间也存在"最近原因的因果关系",但却不能适用被利用的实行犯,因为,实行犯并非处于消极次要地位。

(三)行为特征

从上可知,实行犯无罪的范围,不能将被利用的实行犯与从犯责任原则区分开来;而存在最近原因的因果关系,亦不能必然推断出,被利用的实行犯就可以成立。前者的"不能"在于,如果帮助犯引起无辜者的行为,则在从犯责任原则的适用范围内,适用"被利用的实行犯"亦为可能;后者的"不能"

---

① John Kaplan, Robot Weisberg ,Guyora Binder,*Criminal Law*(*cases and materials*),4th Edition,CITIC PUBLISH HOUSE,2003,7. P. 881.

② 这亦是美国刑法与英国刑法在被利用的实行犯(或无罪代理人原则)的问题上截然不同之处。前述,英国相当多的学者认为,无罪代理人原则没有存在的必要,此立论依据即为,用无罪代理人可以解决的案件,均可以用最近原因的因果关系的理论来解决。但是,美国学者多数认为,因果关系理论很有限,尤其是不能用来说明犯罪成立的问题,虽然,对于一些未有责任原则可以认定为犯罪的疑案,有学者亦主张直接以因果关系理论来认定,但此显然是出于无奈的选择,可见因果关系理论在美国刑法中尚未形成气候。

③ Fletcher, George P,*Basic Concept of Criminal Law*,New York ;Oxford University Press,1998, p. 198.

在于,如果实行犯并非处于消极次要地位,即使存在最近原因的因果关系,亦不能成立被利用的实行犯。显然两者的"不能",均与帮助犯或者实行犯的行为特征相关。因此,可将被利用的实行犯的行为特征概括为:从帮助犯的角度言,帮助犯必须引起实行犯的行为;从实行犯的角度言,实行犯必须处于消极次要地位。在司法界,肯定被利用的实行犯的判例,亦都肯定实行犯的消极次要的行为特征,相反否定的判例,亦大多因实行犯缺乏此行为特征之故。例如,法院认为,v. Hayes,16 S. W 514 Mo. 1891 案不能成立被利用的实行犯,其理由即是实行犯是主动而积极地实施犯罪行为。[①] 而且,从前文亦可察明,立法通常亦是,以帮助犯支配实行犯此一行为特征来表述被利用的实行犯。如《模范刑法典》使用的"引起",加利福尼亚《刑法典》使用的"强迫,迫使"等可谓证明。因此,帮助犯引起实行犯之行为,或者实行犯处于消极次要之地位,应当为被利用的实行犯最主要的客观特征。

二、主观特征

"被利用的实行犯"的犯罪心理态度(mental state)[②],可以表现为故意(intention),这容易理解,因为"一个人故意造成损害,在任何刑罚理论下,都是要受到惩罚,这是明显而正确的命题"[③]。因此,有必要研究的命题应是,美国刑法是否承认轻率(reckless)及过失(negligence),也能成立"被利用的实行犯"?

因为帮助犯出于轻率或过失之心理态度,从而否定其可以成立被利用的实行犯,此观点既未见诸判例,亦未见诸立法,同时学术界亦未曾见。但是相反的观点,即肯定,帮助犯之轻率或过失的犯罪心理态度,不影响其可以成立被利用的实行犯,既有立法之支持,亦有判例之肯定。如缅因州刑法

---

① Kaplan, Robot Weisberg ,Guyora Binder,*Criminal Law*(*cases and materials*),4th Edition, CITIC PUBLISH HOUSE,2003,7. p. 880.

② 美国刑法,对犯罪心理态度的具体内涵和表现形式,并未有统一标准。在内涵上,大多对 "mental state"与"mens rea"(我国学者将其翻译成"犯罪意图")未加区分;但在少数情况下,认为 "mental state"必须具有犯罪目的(intention),因而就应当隶属于故意概念(intent)。本文采用前者, 即多数的观点。犯罪心理态度具体有哪些形式,美国刑法界,既未有统一认识,也看不出哪种观点占 主导地位,但对于故意、轻率、过失,一般均不予回避,因此,本书仅就此三种犯罪心理态度,进行讨 论。另外,对于故意,轻率,过失,大体与我国何种罪过形式对应,我国学者曾有过此种尝试,即认为 三者,分别相当于我国的直接故意、间接故意和有认识的过失、无认识的过失。对此权威观点,我们 未有置疑,但是考虑到目前理论界已经出现了对权威观点的挑战,而且我们认为颇有见地,因此,对 于权威观点我们暂时不拟接受。因此,在文中,我们保留了"intent"、"reckless"、"negligence"三者的 原汁原味,不予注释,而只是使用了其中文含义,此翻译亦是理论界现存的。

③ Richard G Singer, John Q La Fond,*Criminal Law*,2th Edition, China Fangzheng Press, 2003,P. 50.

§57,(2)a,"在故意(intention)、知道(knowledge)、轻率(reckless)、犯罪过失(negligence)的心理下,引起一个无辜(innocent)的人,或者无责之人进行犯罪行为的,就足够对此行为负责"。又如,Bailey v. Common Wealth ,229 Va. 258 ,329 S. E. 2d 37. 1985 案等,起诉官和审判庭都明确使用了"轻率"一词,认为,被告的轻率如此显著,以至冷漠到忽视人的生命的程度,他的行为是被害人死亡的最近原因,并非警察的自我防卫行为(self-defense),而是被告的轻率行为导致了受害人死亡的结果,因而警察不构成犯罪而被告应当成立杀人罪的一级主犯。① 又如,Muni 案等,法院认为只要证明,"从合理性的角度而言,他'能够预见'(foreseeable)这种跨州交易事实",就足够判定被告构成犯罪。在此,法院使用的是"能够预见",而没有明确使用"过失"一词,但是在美国刑法中,没有预见,但"能够预见"正是过失的本质特征。因为"过失是指,行为人主观上没有预见到结果可能发生之遥远的可能性,这是它与轻率最明显的区别"②。从而可以肯定,此案的帮助犯就是在过失的心理状态下构成犯罪,并成立被利用的实行犯。由此可见,美国刑法并不否定轻率或过失,亦有成立"被利用的实行犯"的可能!

至此,笔者可以将"被利用的实行犯"的基本特征概括如下:客观上,实行犯必须不具有犯罪心理状态,或者缺少犯罪能力,或者具有正当理由;同时帮助犯的行为与犯罪结果之间,具有最近原因的因果关系;而且实行犯相对于帮助犯而言,必须处于消极次要的地位,此为"被利用的实行犯"的本质特征。主观上,帮助犯具体的犯罪心理状态形式可以不限,故意、轻率及过失皆可以成立。

第三节　身份与"被利用的实行犯"

大陆法系存在亲手犯的概念,此概念的存在,主要是基于身份的考虑,亲手犯概念的存在,使身份与间接正犯的问题,成为大陆法系及我国学者欲罢不能、欲解决不行的难题。对美国刑法的"身份与'被利用的实行犯'"之

①　Joshua Dresser, *Cases and Materials on Criminal Law*, West Publishing Co. St. Paul. Minn,1994, pp. 824-825.

②　Richard G Singer, John Q La Fond,*Criminal Law*,2th Edition, China Fangzheng Press, 2003,p. 55.

问题进行解读,或许能为解决这一难题提供新的思路。① 下文的解读,将从美国实务界、立法者、理论界的具体态度三个角度来进行。

一、司法实践的处理

实务界大多认为,无身份者也可以成立被利用的实行犯(下文简称"肯定说"),例如,v. Sadacca,128 Misc. 2d 494,489 New York2d 824(1985)及Cole. V. United States,329 F. 2D 437,439-440(9th Cir 1964)等即是证明。至于肯定说的具体理由却不尽相同,考虑到德日刑法多数派的观点,均否定伪证罪可以成立间接正犯②这一理论现状,因而以伪证罪为例,来剖析肯定说立论的依据,将既具代表性又有针对性。有法院认为,如果被告利用不知情的具有这种身份的人作证,就表明他自己愿意成为这阶层之人,从而不能因其身份缺失,而成立辩护事由,因此被告构成伪证罪且为主犯。③ 此见解可谓是从帮助犯的角度来阐述,无身份者也可以成立"被利用的实行犯"的观点。另外,亦有法官从实行犯的角度来表达与此相同的见解,即如果实行犯被帮助犯利用,就表明前者的民主自由或者宪法权利受到了后者的侵害,因而后者即使不具有前者的身份,他也应当为此无辜者的行为承担责任。④

当然,在美国司法界,法院有时候也主张无身份者不能成立被利用的实行犯(下文称否定论),如 v . Ruffin 613 F . 2d408(2d Cir . 1979)案等。⑤ Wyatt 法官认为,从普通法对共同犯罪人分类及分类意义上推理,不适用被利用的实行犯是刑法既定原则合理而又合符逻辑的结果,引起者不能被认定为主犯,因为他缺乏犯罪能力,中介也不是主犯,因为他尽管有犯罪能力,但他是无辜的,没有主犯就没有犯罪。⑥ 显然,否定论虽然与肯定说在观点上对立,但立论的依据却未有不同,两者均是从身份之外寻找合理理由。美国刑

---

① 虽然我国刑法与美国刑法存在诸多差异,但这不妨碍两者之间的交流和对话,而且,刑法基本理论在各国均存在共同之处,因而虽不能生搬硬套外来的"精华",但取其"合理"确有必要。我国刑法学就是在立足本国,而又对世界刑法文明尤其是对德日刑法敞开胸怀的基础上成长起来的。但应当承认,在英美刑法的领域,国内学者不但研究不足,且误解甚多,这对我国刑法理论的发展极为不利!

② 马克昌:比较刑法原理,武汉大学出版社 2002 年版,第 642 页。

③ John Kaplan, Robot Weisberg ,Guyora Binder, *Criminal Law(cases and materials)*,4th Edition,CITIC PUBLISH HOUSE,2003,7. P. 885.

④ John Kaplan,Robert Weisberg,*Criminal Law(cases and materials)*,Boston：Little, Brown and Company,1986,p. 618.

⑤ 基本案情:被告不具有行政官员身份,但利用具有这一身份却不知情者获取联邦贷款。

⑥ John Kaplan, Robot Weisberg ,Guyora Binder, *Criminal Law (cases and materials)*,4th Edition,CITIC PUBLISH HOUSE,2003,7. p. 881.

法未有类似大陆法系的"身份理论"①，自然没有所谓的自然身份、法定身份、真正亲手犯及非真正亲手犯之类的概念。

二、立法态度

目前，在美国各州刑法典中，尚未出现"无身份者不能成立被利用的实行犯"之类的规定，但是，肯定无身份亦可以成立被利用的实行犯的立法却是存在。例如，北达科他州刑法典 12.1-03-01,2(a)，"除非有相反的情况，否则，下列事由不能成为一个人为另一个行为负责之辩护事由，某类犯罪要求具有行政地位或其他资格，特征之人亲自直接实施才能犯罪，而被告不属于这一类阶层的，……"

三、学界观点

至于学者，多数接受无身份者可以成立被利用的实行犯的观点。如有学者认为，帮助犯在单独不可能构成犯罪的情况下利用他人则是可以成立犯罪的，如被害人的丈夫，妇女也可以成立强奸罪。② 又如，对于英国一则案例——Regina v. v. Cogan , 2 ALL E. R. 1059(Eng. 1975)③，美国相当多的学者常用来阐述"被利用的实行犯"在何种情况下适用的问题。④ 值得一提的是，在英国，大部分学者却认为，有两类案件通常不能适用"无罪代理人原则"，其中之一即为帮助犯不属于某一特定阶层的人。⑤ 基于此，对于上则案例，英国学者认为，"只有亲自实施者才能构成犯罪之场合，是不能适用无罪代理人原则的，但是此问题在 R V Cogan and leak 中却被忽视了，该判决引起了广泛的批评，尽管其背后的原理仍然被后来的案例所遵循，如 DPP v K 和 C (1996)。"⑥ 此案例可谓最集中体现了美国学者、英国学者及英国司

---

① "身份理论"的称呼并未见诸学界，而是笔者对身份已经贯穿在刑法上几乎所有的重要理论之中这一理论现状给予的概括。例如，从构成要件理论中的行为主体的身份而言，存在身份犯的概念；从违法性的角度而言，存在身份作为主观的违法要素之一的观点；在责任领域，在不作为犯作为义务的理解上存在"保证人说"；在共犯领域，存在身份与共犯之问题等。可以说身份对各刑法理论的渗透使得理论本身变得更加扑朔迷离。因此身份之谜，实有待破解。

② George E Dix, M Michael Sharlot, *Criminal Law*, 5th Edition, Wsdsworth Publishing Company, 1999, p. 121.

③ 基本案情, Leak 让其妻与其友 Cogan 发生性关系，并谎称其妻同意，其友在这种错误认识下强奸了其妻。

④ Steven L Emanuel, *Criminal Law*, CITIC PUBLISH HOUSE, 2003, p. 218.

⑤ AP Simeter, GR Sullivan, *Criminal Law. Theory and Doctrine*, Oxford-Porland, 2000, p. 188.

⑥ Catherine Elliott, Frances Quinn, *Criminal Law*, 3rd Edition, Peason Education, 2002, p. 212.

法界对身份与被利用的实行犯（或者无罪代理人原则）具有的不同态度！

因此，对于无身份者能否成立被利用的实行犯的问题，在美国，肯定说与否定论皆存在，但肯定说应为主流的观点！

第四节 结 论

综上所述，美国刑法不仅认为，被利用的实行犯有存在的必要，并且在立法上予以认可。但对被利用的实行犯的主观心理状态形式却不做要求，而且亦大多肯定，身份不影响被利用的实行犯的成立。而主要在实行犯处于消极次要地位这一本质特征上，体现被利用的实行犯与从犯责任原则的差别，从而实现被利用的实行犯存在的价值。为此，有必要在此基础上再解读，既然帮助犯处于支配的地位体现了被利用的实行犯的本质特征，同时反映了被利用的实行犯存在的意义，①为何美国刑法却并未以此来证明被利用的实行犯的主犯性，从而"被利用的实行犯之主犯性"对于"被利用的实行犯之存在"究竟有无意义呢？即前者是否为后者所必需？于是问题又回到了起点，责任原则究竟要解决何问题？是解决作为责任前提的犯罪性抑或是作为责任的实现的刑事责任②抑或是两者兼备？笔者认为答案应为而且仅为前者。从犯责任原则与被利用的实行犯的存在，均是说明从犯如何或者应当构成犯罪的问题，而主犯或者从犯或者被利用的实行犯的具体刑事责任如何，均由法庭根据各自的犯罪事实来确定。正是如此，美国立法关于所有犯罪人皆为主犯的规定在司法实践中并未存在困境。因此，被利用的实行犯的主犯性并不为其存在所必需。将被利用的实行犯视为主犯不过是美国刑法对"被利用的实行犯"采取灵活的技术处理的结果。此处理的意义就是以此避免各界对其主犯性可能产生的怀疑态度或者证明欲望。从而，不得不对大陆法系及我国理论界存在的"间接正犯的正犯性"的证明热潮予以反思！绞尽脑汁去证明间接正犯的正犯性究竟有何意义？如果只是为了证明"利用他人犯罪者"可以成立犯罪，那么大陆法系现存的较"间接正犯之正犯性的证明"简单得多，"弥补共犯之不足"的观点则已经足够。如果的确是需要冠之以主犯或者从犯的名义，那么美国刑法的此种技术处理的方式则

---

① 此类似于大陆法系间接正犯理论中的"行为支配说"，但在大陆法系行为支配说为证明间接正犯的正犯性的理论之一，而美国刑法将其作为被利用的实行犯的本质特征。

② 此书讨论的刑事责任均是指追究刑事责任之义，以主犯、从犯或者其他共同犯罪人追究刑事责任，而不指刑事责任的程度，即具体刑罚如何。

可资借鉴;如果欲通过此种证明来昭示主犯与从犯刑事责任上的差别,则实无必要。[①] 由此笔者不禁怀念起木村龟二先生一个早已被遗弃的断言,"间接正犯概念是共犯从属性产生的无父之子,是没有祖国的永远的犹太人,其正犯的论证是不可能,具有与共犯从属性原则共存亡的命运。"[②]此能否为科学之见地?

---

① 诚然,大陆法系许多国家均在立法上规定主犯和从犯具有不同的刑事责任,如我国刑法第27条"对从犯应当从轻,减轻惩罚或者免除处罚"。但该条不能成为必须证明间接正犯的正犯性的依据,因为即使间接正犯具有共犯性也不可能适用该条,间接正犯实则是单个人犯罪,是正犯还是共犯与立法对正犯与共犯实行差别的刑事责任待遇不发生冲突。

② 大塚仁:《刑法概说·总论》冯军译,中国人民大学出版社2003年版,第142页。

参考文献

一、论　　著

1. [日]立石二六:《刑法总论》,成文堂 c1999 年版。
2. [日]阿部纯二:《刑法基本讲座》(第四卷),法学书院 1992 年版。
3. [日]大塚仁:《间接正犯的研究》,有斐阁 1958 年版。
4. [日]西原春夫:《犯罪实行行为论》,成文堂 1998 年版。
5. [日]黑木忍:《实行的着手》,信山社 1998 年版。
6. [日]木村归二:《刑法总论》,有斐阁 1987 年版。
7. [日]团藤重光:《刑法纲要总论》,创文社 1990 年版。
8. [日]木村龟二:《刑法学词典》,顾肖荣译,上海翻译出版公司 1991 年版。
9. [日]植田重正:《共犯论上的诸问题》,成文堂 1985 年版。
10. [日]齐藤信治:《刑法总论》,有斐阁 1997 年版。
11. [日]齐藤信治:《刑法总论》,株式会社有斐阁 1993 年版。
12. [日]内田文昭:《刑法总论》,成文堂 1997 年版。
13. [日]川端博:《刑法总论二十五讲》,余振华译,中国政法大学出版社 2003
    年版。
14. [日]大塚仁:《刑法概说》(第三版),冯军译,中国人民大学出版社
    2003 年版。
15. [日]大塚仁:《犯罪论的基本问题》,冯军译,中国政法大学出版社
    1993 年版。
16. [日]小野清一郎:《犯罪构成要件理论》,王泰译,中国人民公安大学出版
    社 2004 年版。
17. [日]大谷实:《刑法总论》,黎宏译,法律出版社 2003 年版。
18. [日]野村稔:《刑法总论》,全理其、何力译,法律出版社 2001 年版。
19. [德]弗兰茨·冯·李斯特:《德国刑法教科书》,徐久生译,法律出版社

2000 年版。

20. 〔德〕耶塞克、魏根特:《德国刑法教科书·总论》,许久生译,中国法制出版社 2001 年版。

21. 〔意〕帕多瓦尼:《意大利刑法原理》,陈忠林译,法律出版社 1998 年版。

22. Stevon L Emanual, *Criminal Law*, CRITIC PUBLISH HOUSE, 2003, P. 218.

23. 韩忠谟:《刑法原理》,中国政法大学出版社 2002 年版。

24. 余振华:《刑法违法性理论》,元照出版公司 2001 年版。

25. 许玉秀:《刑法的问题与对策》,成阳印刷股份有限公司 2000 年版。

26. 林山田:《刑法通论》(上、下册)(增订七版),北京大学出版社 2001 年版。

27. 黄常仁:《刑罚的极限》,元照出版公司 1999 年版。

28. 甘添贵:《刑法之重要理念》,瑞兴图书出版社 1996 年版。

29. 甘添贵:《共犯与身份》,学林文化事业有限公司 2001 年版。

30. 张丽卿:《刑法总则理论与运用》,台湾五南图书出版公司 2002 年版。

31. 陈朴生、洪福增:《刑法总则》,台湾五南图书出版公司 1982 年版。

32. 马克昌:《比较刑法原理》,武汉大学出版社 2002 年版。

33. 马克昌、莫洪宪:《中日共同犯罪比较研究》,武汉大学出版社 2003 年版。

34. 马克昌:《犯罪通论》,武汉大学出版社 1999 年版。

35. 张明楷:《刑法的基本立场》,中国法制出版社 2002 年版。

36. 张明楷:《外国刑法纲要》,清华大学出版社 1999 年版。

37. 张明楷:《刑法学》,法律出版社 1997 年版。

38. 何秉松:《刑法教科书》,中国法制出版社 1995 年版。

39. 吴振兴:《论教唆犯》,吉林人民出版社 1986 年版。

40. 林维:《间接正犯研究》,中国政法大学出版社 1998 年版。

41. 侯国云:《刑法因果新论》,广西人民出版社 2001 年版。

42. 高铭暄:《中国刑法学》,中国人民大学出版社 1989 年版。

43. 陈兴良、曲新久、顾永中:《案例刑法总论·下卷》,中国政法大学出版社 1994 年版。

44. 中国社会科学院语言研究所词典编辑室:《现代汉语词典》(修订本),商务印书馆 1998 年版。

45.《全国刑法硕士论文荟萃》,中国人民公安大学出版社 1989 年版。

二、论　　文

1. 马克昌:《刑法中行为论比较研究》,载《武汉大学学报》(社会科学版)2001

年第 2 期。

2. 马克昌:《关于共犯的比较研究》,选自《刑法论丛》,高铭暄、赵秉志主编,中国法律出版社 1999 年版。

3. 刘明祥:《论目的犯》,载《河北法学》1994 年第 1 期。

4. 段立文:《我国刑法目的犯立法探析》,载《法律科学》1995 年第 3 期。

5. 钱叶六:《间接正犯比较研究——兼论我国间接正犯的刑事立法与司法》,载《刑法问题与争鸣》总第 9 辑。

6. 钱叶六:《评王某利用常某奸淫幼女一案——兼论间接实行犯若干法律问题》,载《中国刑事法杂志》2001 年第 3 期。

7. 钱叶六、何锋:《间接实行犯认定中的疑难问题探讨》,载《云南大学学报法学版》2004 年第 2 期。

8. 陈兴良:《目的犯的法理探究》,载《法学研究》2004 年第 3 期。

9. 陈兴良:《间接正犯:以中国的立法与司法为视角》,载《法制与社会发展》2002 年第 5 期。

10. 王成祥:《间接实行犯探析》,载《零陵师范学院学报》(社会科学版)2003 年第 1 期。

11. 祝赟:《浅析间接正犯》,载《甘肃成人政法学院学报》2003 年第 1 期,第 45 页。

12. 张忠国、张依聪:《教唆未遂之犯罪形态探析》,载《石油大学学报》(社会科学版)2004 年第 4 期。

13. 董玉庭:《论实行行为》,载《环球法律评论》2004 年夏季号。

14. 赵香如:《美国刑法中的被利用的实行犯》,载《国家检察官学院学报》2004 年第 5 期。

15. 郝守才:《论独立教唆犯》,载《河南社会科学学报》(哲学社会科学版)2002 年第 5 期。

16. 黄征、周铭川:《对"教唆未遂"的思考》,载《湖南政法干部管理学院学报》(综合版)2002 年第 1 期。

17. 郭园园:《论教唆未遂与未遂教唆》,载《现代法学》2003 年第 6 期。

18. 李海滢:《亲手犯问题研究》,载《中国刑事法杂志》2004 年第 3 期。

19. 童德华:《正犯的基本概念》,载《中国法学》2004 年第 4 期。

20. 宁东升、贾新征:《试论间接正犯的几个问题》,载《国家检察官学院学报》1999 年第 3 期。

21. 贾新征:《试论间接正犯存在的类型》,载《商丘师专学报》2000 年第 1 期。

22. 邵维国:《论被利用者的行为构成犯罪与间接正犯的成立》,载《大连海事大学学报》(社会科学版)2002 年第 3 期．

23. 张绍谦:《略论教唆、帮助他人自杀行为的定性及处理》,载《法学评论》
1993 年第 3 期。

24. 朴宗根、高荣云:《论间接正犯》,载《延边大学学报》(社会科学版)2003
年第 4 期。

25. 邹世发:《间接正犯特征探微》,载《山东公安专科学校学报》2003 年第
1 期。

26. 何庆仁:《我国刑法中教唆犯的两种含义》,载《法学研究》2004 年第 5 期。

27. 何畔:《片面共犯理论问题研究》,载《郑州轻工业学院学报》(社会科学
版)2004 年第 1 期。

28. 肖中华:《片面共犯与间接正犯观念的破与立》,载《云南法学》2000 年第
3 期。

29. 聂立泽、苑民丽:《片面共犯评析》,载《河南政法管理干部学院学报》2003
年第 6 期。

30. ［日］大谷实:《日本刑法中正犯与共犯的区别——与中国刑法中的"共同
犯罪"相比照》,王昭武译,载《法学评论》2002 年第 6 期。